ME AJUDA A FALAR?

Copyright © 2024 by Gaiato, Mayra, *Me Ajuda a Falar?* Licença exclusiva para publicação cedida à nVersos Editora. Todos os direitos reservados.

Diretor Editorial e de Arte: Julio César Batista
Coordenação Editorial e Capa: Carlos Renato
Revisão: Elisete Capellossa e Matheus Monteiro Molina
Ilustração: Matheus Pfeifer
Projeto Gráfico e Editoração Eletrônica: Juliana Siberi
Design da Boneca Lourdes 2.0: Instituto Singular
Imagem da Capa: Acervo da autora

Dados Internacionais de Catalogação na Publicação (CIP)
(Câmara Brasileira do Livro, SP, Brasil)

Gaiato, Mayra
 Me ajuda a falar / Mayra Gaiato. -- 1. ed. --
São Paulo : nVersos Editora, 2024.
 ISBN 978-85-54862-79-4
 1. Educação infantil 2. Fala 3. TEA (Transtorno do Espectro Autista) I. Título.

24-227831 CDD-155.4

Índice para catálogo sistemático:
1. Psicologia infantil 155.4
Eliete Marques da Silva - Bibliotecária - CRB-8/9380

1ª Edição, 2024
Esta obra contempla o Acordo Ortográfico da Língua Portuguesa
Impresso no Brasil – *Printed in Brazil*
nVersos Editora
Rua Cabo Eduardo Alegre, 36 – CEP 01257-060 – São Paulo – SP
Tel.: 11 3995-5617
www.nverseditora.com
editora@nversos.com.br

Mayra Gaiato

ME AJUDA A FALAR?

Guia Especializado para Desenvolver as Habilidades Verbais em Crianças com Atrasos

nVersos

Sumário

Introdução 7

Capítulo 1 17
A criança com autismo
e a criança com atrasos

Capítulo 2 31
A grande preocupação
dos pais: a fala

Capítulo 3 43
Ajudando a criança a falar
com nosso Modelo Singular
de Ensino de Comportamento Verbal

Capítulo 4 79
A criança não falou: e agora?

Capítulo 5 111
A criança falou: e agora?

Conclusão 119

Referências 123

Introdução

A importância da comunicação

A comunicação é a ponte que nos conecta ao mundo. Seja por falas, gestos e até mensagens, pense em quantas vezes você se comunicou antes de começar a ler este livro. Tente contar quantas vezes fez isso apenas no dia de hoje! Você desejou "bom dia" a alguém? Pediu uma xícara de café depois de acordar? Talvez tenha agradecido a alguém por alguma gentileza? Parecem coisas muitos simples e naturais, mas, por trás delas, encontramos uma das características mais singulares da raça humana: **nossa capacidade de nos comunicar uns com os outros**.

Foi em 1872, na Índia, no estado de Utar Pradexe, que caçadores encontraram um menino caminhando com lobos como se fizesse parte da matilha. Esse menino recebeu o nome de Dina Sanichar, o "lobo indiano", e sua história inspirou a criação do personagem Mogli, do livro *The Jungle Book*, Rudyard Kipling (1894). Anos mais tarde, a obra foi adaptada para os cinemas no clássico da Disney *Mogli: O Menino Lobo*, de 1967.

A história real da criança criada na selva conta que Dina foi resgatado pelos caçadores indianos e levado para um orfanato perto da cidade de Agra. Sua adaptação ao mundo civilizado foi demorada e incompleta. Segundo relatos, o menino se comunicava por meio de rosnados e grunhidos, exatamente como um lobo, e tinha dificuldades para se portar ereto e comer com pratos e copos.

Embora Dani não tivesse deficiências vocais ou cognitivas, ele nunca aprendeu a falar, ler ou escrever porque a ponte que poderia conectá-lo ao mundo não foi devidamente construída. Por não ter sido estimulado e ensinado de maneira adequada durante a infância, ele perdeu uma janela de oportunidade para aprender esses recursos.

A partir de 2 meses de idade, a maioria dos bebês começa a balbuciar sons e barulhos quando são estimulados. Eles também choram quando querem atenção. Esses são comportamentos típicos do desenvolvimento da fala que, ao longo dos primeiros anos de vida da criança, evoluem para suas primeiras expressões — "aua!", "papá!", "mamá!" — e depois se transformam nas primeiras palavras.

Para muitas famílias, é um processo natural de se acompanhar, resultado de estímulos físicos, auditivos e visuais, que decorrem da própria convivência familiar na primeira infância. Muitos pais nem se dão conta da complexidade que existe por trás do desenvolvimento da fala!

Você sabia que, para a fala acontecer, inúmeras redes de neurônios são ativadas em áreas cognitivas específicas depois de serem estimuladas pela audição? Depois que isso acontece, as informações serão interpretadas, associadas à memória, reorganizadas e depois enviadas para outras partes do cérebro que cuidarão do controle da respiração, da entonação, da voz e dos movimentos da boca e língua.

Em **crianças neurodivergentes**, esse processo pode ser mais demorado e trabalhoso. E um grande desafio para os pais!

Grande parte das crianças com Transtorno de Espectro Autista (TEA), por exemplo, manifestam atrasos na fala. Elas podem até desenvolver um tipo de comunicação verbal, mas não a utilizam de forma funcional. A criança emite sons e palavras, mas não as usa para transmitir uma mensagem ou alcançar um resultado. É como se vissem a ponte da comunicação diante delas, mas não entendessem como atravessá-la. Por isso, elas precisam de nossa ajuda.

É comum que crianças com TEA apresentem dificuldades na fala, mas não é só essa característica que pode indicar que ela está no espectro autista. Algumas crianças autistas emitem sons aleatórios e generalizados, mas enfrentam muita dificuldade para aprender falar palavras e frases. Já outras crianças podem apresentar um quadro completamente não verbal, ou seja, ela não fala nem emite sons. Esse é um dos sinais de que essas crianças exigem um nível de apoio mais intenso. E outras podem, apesar do diagnóstico de autismo, terem se adaptado e desenvolvido a comunicação completamente funcional.

É possível também que uma criança neurodivergente apresente atrasos na fala, mas ainda assim não tenha o diagnóstico de TEA. São inúmeras possibilidades abarcadas pela neurodiversidade!

> **Você conhece os termos?**
>
> **Neurotípica** é a pessoa que apresenta desenvolvimento e funcionamento neurológico típico, isto é, dentro dos padrões regulares.
>
> **Neurodivergente ou neuroatípica** é a pessoa que apresenta alguma alteração no funcionamento cognitivo, comportamental e/ou neurológico, o que pode resultar em atrasos específicos ou no diagnóstico de algumas condições, como Transtorno do Espectro Autista (TEA), Transtorno de Déficit de Atenção e Hiperatividade (TDAH), Transtorno Afetivo Bipolar (TAB), Transtorno de Ansiedade Generalizada (TAG), Síndrome de Tourette, Depressão, Dislexia, Esquizofrenia, entre outros.
>
> Todos nós, pessoas neurotípicas ou neurodivergentes, fazemos parte de uma sociedade caracterizada pela **neurodiversidade**. Uma criança com alterações de aprendizado e raciocínio, por exemplo, é neurodivergente, pois o seu funcionamento escapa ao esperado pelos padrões regulares.
>
> Ela não é melhor ou pior que uma criança neurotípica, ela só é diferente!

No livro *Cérebro Singular: como estimular crianças no espectro autista ou com atrasos no desenvolvimento*, explico como o processamento de diversas informações sensoriais é alterado por um conjunto de genes que impactam na formação dos circuitos neuronais[1].

---

1. Para quem tem interesse em neurociências e quer se aprofundar nas questões relacionadas aos circuitos e áreas do cérebro pesquisadas nos autistas, recomendo nosso curso de neurociências do autismo <https://institutosingular.org/cursos/>.

O cérebro de uma criança com TEA encontra obstáculos para compreender o mundo e fazer o processamento imediato dos seus estímulos, da interação direta com o meio, da leitura sensorial do ambiente e da construção de conexões entre os objetos, objetivos e significados. Nós, pais e terapeutas, trabalhamos modificando esses estímulos que podem ser recebidos pela criança, facilitando sua leitura sensorial e incentivando conexões de significado que podem ser mais fáceis para crianças neurotípicas.

Se você é meu leitor ou leitora de primeira viagem, desejo boas-vindas e agradeço a confiança depositada. Se você me conheceu em outro livro, convido-o para uma nova jornada, dessa vez determinada a estimular o desenvolvimento da interação em crianças com atrasos. É por meio do Modelo Singular de Ensino de Comportamento Verbal que vamos ajudar nossos pequenos a se comunicar.

Porque a fala é, sim, um processo complexo que deve envolver atuação de uma equipe multidisciplinar, principalmente fonoaudiólogos. É na união e parceria de pais e profissionais utilizando as estratégias naturalistas que encontramos o sucesso.

E a primeira coisa que temos que entender é que **a fala é apenas uma das diversas formas de comunicação**. Nós podemos nos comunicar por gestos, expressões faciais, entonações e até mesmo pelo silêncio.

Para lidar com crianças neurodivergentes, essa diferenciação é bastante importante, pois cada gesto, olhar e expressão, por menor que seja, carrega muitos significados potenciais para a comunicação. Vamos estimular cada um deles para fazer a criança falar!

Uma criança com o diagnóstico de autismo e mesmo aquela com atrasos na fala, mas sem o diagnóstico, nunca está estagnada: evolui no dia a dia, aprende coisas novas, supera algumas barreiras e se torna única em sua jornada de aprendizado.

No universo da comunicação, os pais exercem um papel fundamental, já que são eles quem primeiro notam os sinais de dificuldade na fala, são eles quem se preocupam (ou se desesperam), são eles que buscam ajuda profissional e se informam.

Mas não acaba por aí! O papel dos pais não termina quando procuram ajuda e contratam terapeutas, afinal, são os pais que principalmente ajudarão a criança a desenvolver uma comunicação verbal funcional. Eles são o modelo que elas seguem e replicam (que levam a criança a aprender por imitação, conforme falaremos em capítulos mais avançados). Eles são a porta que permitirá que as crianças levem aquilo que elas aprenderam na terapia para dentro de casa.

O que você encontrará neste livro

Esse livro é a síntese do que seu título propõe: *Me ajuda a falar*. Reunindo meus anos de experiência clínica no Instituto Singular e todo o conhecimento que adquiri me debruçando sobre o tema, escrevi esse **guia para oferecer a pais, educadores e terapeutas** caminhos possíveis para desenvolver habilidades verbais em crianças com atrasos na comunicação. Intitulei esse método como Modelo Singular de Ensino de Comportamento Verbal. Nele deposito não apenas o saber que pude reunir durante minha formação, mas também cada sorriso das crianças no meu consultório depois de terem dito a sua primeira palavra, cada abraço de alívio e emoção que recebi de seus pais, cada olhar carinhoso, cada agradecimento das crianças que atendi e que anos depois puderam compartilhar seus sonhos e conquistas comigo.

A intervenção precoce é um dos pilares no desenvolvimento da comunicação e da fala. Os programas terapêuticos de intervenção baseados em evidências, como a Análise do Comportamento Aplicada (ABA, do inglês *Applied Behavior Analysis*), têm mostrado resultados significativos e são a base científica desse livro.

Apresentaremos esse material de forma simplificada, para que tanto pais quanto profissionais possam acessá-lo de maneira clara, simples e direta.

Esse livro não se destina a uma revisão bibliográfica sistemática sobre o tema, nem a uma tese com argumentos científicos e metodológicos para contrapor ou corroborar com estudos consagrados. É uma ciência muito ampla, e existem cientistas brilhantes que passam uma vida toda estudando apenas um operante verbal. Por isso, não vamos propor uma análise exaustiva da bibliografia. O livro que você tem em mãos é, antes de tudo, **um guia prático, destinado a alcançar e ajudar o maior número de pessoas possível.**

Quando me debrucei sobre esse tema, encontrei orientações muito vagas, abstratas, difíceis de visualizar na prática terapêutica até para mim, que sou psicóloga, acadêmica e neurocientista de formação. Encontrei também materiais dificílimos, com estudos, teorias e teses que explicavam sobre como desenvolver determinados comportamentos, mas não ofereciam pistas de como aplicar aqueles conceitos teóricos no dia a dia. Os livros recomendavam coisas do tipo: "Insira reforçadores positivos após comportamentos adequados", ou "Faça modelagem de comportamentos", ou "Promova generalização de aprendizagem", e eu sempre me perguntava:

- Tudo bem, mas como explicar aos pais esses conceitos?
- Quais comportamentos são adequados?
- Como faço para isolar um comportamento verbal para modelar se os modelos, para essa criança na minha frente, nunca existiram?
- Por qual modelo começo se tenho uma criança agitada que não consegue prestar atenção em mim?

Quando nos sentamos na cadeira de uma clínica e lidamos diariamente com crianças reais, com comportamentos diversos, espontâneos e difíceis, as recomendações que lemos em livros e artigos, vemos em slides, cursos e congressos, parecem distantes da realidade.

Como mãe, sei na pele o quanto cuidar de uma criança é desafiador — e, ao mesmo tempo, uma experiência mágica e recompensadora. Enquanto escrevo essa introdução, minha filha está brincando do lado da escrivaninha, dentro da minha visão periférica, concentrada em um daqueles brinquedos de montar.

Acredito que uma das maneiras que me permitem contribuir com um mundo melhor é ajudando mães e pais que desejam o melhor para seus filhos. E, por isso, dedico esse livro à tarefa de contribuir com suas lutas diárias para fazerem suas crianças falarem, esperando que, de alguma forma, possa mudar suas vidas.

Neste livro, você vai conhecer algumas histórias reais de pessoas que atendemos no Instituto Singular. Decidi preservar seus nomes e identidades, mas vou compartilhar suas angústias e dilemas, assim como suas histórias de superação, na esperança que ecoem com leitores em situações similares.

O que todas as histórias que atendi têm em comum? Famílias que não desistiram de acreditar. Pais e mães que tentaram, insistiram, buscaram terapias certas na hora certa, persistiram com seus filhos, ajudaram-nos como puderam, e hoje me contam histórias maravilhosas sobre suas façanhas depois de crescidos.

Algumas crianças que atendi não conseguiram desenvolver todas as etapas que proponho. E, para mim, algumas delas ainda são casos de sucesso, pois as etapas que conseguiram avançar permitiram que elas conseguissem se comunicar de algum jeito com seus pais. Não chamo de sucesso apenas aquelas crianças que se tornaram prodígios. Para mim, o sucesso de um tratamento é quando as crianças saem dele mais felizes: mais felizes por conseguirem se expressar, mesmo que de maneira gestual, mais felizes por terem uma conexão com seus pais e cuidadores, mais felizes por serem compreendidas de alguma maneira. Isso é o que verdadeiramente importa!

Quero aproveitar para fazer um convite. Escreva-me. Encontre meu contato no site do Instituto Singular ou procure por minhas redes sociais. Conte-me sua história depois de ler este livro e testar as estratégias que proponho. É muito importante para mim, como pesquisadora dedicada a esse tema, conhecer histórias e experiências que vieram das práticas oferecidas neste livro. E me relate suas dificuldades para que eu também possa identificar os pontos de melhoria e aprofundamento em futuras edições. Além disso, é minha alegria e meu propósito de vida conhecer histórias de pequenos que tiveram suas vidas transformadas com a ajuda adequada. Não deixe de me escrever!

Nessas páginas, você conhecerá o Modelo Singular de Ensino de Comportamento Verbal, com as técnicas de terapia comportamental que estão ajudando a recuperar atrasos na fala dos pacientes que atendemos. São meus anos de conhecimento e prática reunidas em um único lugar. E que você, caso queira se aprofundar, poderá acompanhar no curso online que vou lançar junto com o livro, destinado a apresentar alguns exercícios práticos dos passos descritos no nosso método.

Pretendo expor os métodos por meio de uma proposta sequencial, dividida em **oito passos**. São estratégias para serem testadas e exercitadas em casa, pelos próprios pais, ou em consultórios, pelos terapeutas que estiverem lendo este livro.

É importante que essas intervenções sejam personalizadas, respeitando o ritmo, os interesses e as peculiaridades de cada criança. Por isso, mais do que compreender as ferramentas desses passos como a linha de chegada de uma corrida com oito etapas, sugiro abrir os horizontes e pensar nesses passos como ramos de uma árvore. Uma criança pode perfeitamente realizar os comportamentos do Passo 4, mas ainda ter alguma dificuldade no Passo 2. Esses passos, esses comportamentos, crescem de forma diferente em cada criança e precisam de atenção e cuidado para continuarem crescendo.

Como ler este livro?

Este livro foi feito para pais, terapeutas e educadores em contato com crianças com atrasos na fala, especialmente crianças com autismo. É um guia prático que pretende explicar a fala e sugerir estratégias para desenvolvê-la de forma progressiva e eficaz. Por ser um livro destinado a tipos diferentes de pessoas, alguns leitores vão chegar aqui com mais informações e experiência, e podem sentir vontade de pular alguns capítulos no começo e ir direto para a parte prática no Capítulo 3. Estou aqui para dizer que está tudo bem.

Os leitores que já tiverem conhecimento sobre o que é o autismo e como podemos aprender a conviver com ele podem pular o **Capítulo 1**, pois é lá que discutiremos o TEA pelo que ele é: um transtorno que revela uma característica individualizada, mas não um defeito. Interagindo com a sociedade, essa característica cria barreiras para o convívio social, mas não priva as pessoas com autismo de buscarem maneiras e estratégias para se adaptar.

No **Capítulo 2**, vamos abordar a maior preocupação dos pais de crianças autistas: a fala. Vamos explicar seu desenvolvimento e o papel dos pais nesse processo. Se você é um profissional ou educador com certa experiência no acompanhamento de crianças com atrasos, poderá pular esse capítulo.

É no **Capítulo 3** que chegamos ao tema principal do livro, apresentando os passos para estimular e desenvolver a fala. É o capítulo em que exponho a maneira como eu faço, a metodologia que desenvolvi ao longo de muitos anos relacionando o estudo da teoria comportamental com a prática de sentar-se (de verdade) no chão com crianças.

No **Capítulo 4**, vamos cuidar dos problemas que podem surgir no tratamento. Saiba desde agora que, a qualquer momento, se você tiver dificuldades para ensinar seu filho ou paciente a falar, você pode parar a leitura e ir direto para o Capítulo 4. Nele abordamos o que fazer **quando a criança não conseguir imitar sons, quando a criança não prestar atenção no que estamos falando e fazendo, quando a criança não obedecer ao que pedimos e quando a criança fizer birra durante o tratamento**. Também convidei uma fonoaudióloga para apresentar como desenvolver a comunicação alternativa, uma possibilidade para quando a criança estiver com muita dificuldade no tratamento.

No **Capítulo 5**, abordamos o pós-tratamento naqueles casos em que a criança aprendeu a falar.

Novamente, esse é um processo complexo que envolve muitos fatores e varia de criança para criança. Apesar de apresentar os passos, não quero fazer parecer que este livro é um livro de receitas de bolo. O resultado não será sempre o mesmo se você seguir determinada lista de instruções. São caminhos, abordagens e estratégias com resultados que variam a depender de cada comportamento em treinamento, de cada nível de suporte exigido e de cada criança em seu próprio contexto.

Lembra-se de quando dissemos que a comunicação é a ponte que nos conecta ao mundo? Neste livro, vamos oferecer o ***projeto***, mostrando como construir os alicerces e apontando onde colocar os materiais. A construção da ponte, porém, vai depender de cada criança — e, para fazer isso, ela precisará da ajuda daqueles ao seu redor.

- Você tem pouca informação sobre o assunto, principalmente sobre o Transtorno do Espectro Autista e sua relação com a fala, e quer saber tudo? Comece pelo Capítulo 1;

- Já tem conhecimento sobre o que é o Transtorno do Espectro Autista e como podemos aprender a conviver com ele? Pule direto para o Capítulo 2;

- É um profissional ou educador com experiência no acompanhamento de tratamento de crianças com o Transtorno do Espectro Autista ou crianças com atrasos na fala? Comece pelo Capítulo 3;

- Está com dificuldades durante o tratamento? A criança não está prestando atenção, não está obedecendo ou está fazendo birra? Pare e pule direto para o Capítulo 4.

Uma das nossas missões é apresentar o nosso conteúdo da forma mais acessível possível, sem deixar de lado o rigor técnico e científico. Ao longo do texto, você encontrará *checklists* (listas), quadros com dicas, desenhos explicativos, gráficos e organogramas para facilitar a leitura, compreensão do conteúdo e aplicação dele na prática. Sinta-se livre para rabiscar esse livro com suas marcações e observações!

1

A criança com autismo e a criança com atrasos

Vamos ter uma conversa séria sobre autismo?

Antes de discutir formas de ajudar crianças com atrasos, precisamos conversar sobre os preconceitos que carregamos. O Transtorno do Espectro Autista (TEA) é um transtorno de neurodesenvolvimento. Suas principais características são a interação social comprometida e o comportamento limitado e repetitivo. Quando falamos "interação social", estamos falando de várias habilidades relacionadas ao convívio e à interação humana, inclusive as habilidades de comunicação verbal e não verbal.

Para os fins de classificação médica e jurídica, o TEA é uma espécie de deficiência. Porém, isso não significa que o autismo é um defeito. Ele é uma característica que impõe limitações para a pessoa — por isso, é uma característica classificada como deficitária —, mas que, com o suporte correto e adequado, consegue prover uma vida adaptada.

Como o autismo se manifesta de várias formas diferentes, cada pessoa tem capacidades e comportamentos diferentes e precisam de níveis de suporte específicos. O que ajuda um paciente não vai necessariamente ajudar outro. O que funciona para uma criança não necessariamente funcionará para outra. Por isso, não usamos mais os termos "autismo leve" ou "autismo severo". Classificamos com base no nível de suporte que a criança precisa no dia a dia, geralmente dividida em três níveis:

- **Nível 1 - Pouco suporte necessário:** As crianças nesse nível precisam de um pouco de ajuda para lidar com situações sociais e se organizar, mas conseguem fazer muitas coisas sozinhas.
- **Nível 2 - Suporte moderado necessário:** Quem está nesse nível precisa de mais ajuda para se comunicar e se organizar. Algumas crianças nesse nível de suporte apresentam atrasos na fala. Elas podem ter mais dificuldade para entender os outros e podem precisar de apoio regular.
- **Nível 3 - Muito suporte necessário:** Nesse nível, as crianças precisam de bastante ajuda, tanto para se comunicar quanto para as tarefas diárias. Elas podem ter atrasos graves com a fala e precisam de apoio constante.

Esses níveis ajudam a entender melhor o quanto de suporte cada criança com TEA precisa. Cada paciente exigirá sua medida específica de suporte, que pode variar em uma mesma pessoa para habilidades distintas. Por exemplo, uma criança pode precisar de um nível de suporte moderado para falar e, ao mesmo tempo, um nível de suporte leve para aprender na escola. Além disso, é muito importante compreender que, ao longo da vida de uma pessoa, esses níveis podem mudar. As terapias exercem um papel fundamental nessa questão, pois, por meio delas, é possível que uma pessoa de nível de suporte moderado consiga aprender habilidades e, depois de um tempo, passe a necessitar apenas de um nível de suporte leve. Do mesmo modo, uma pessoa com um nível de suporte leve também pode regredir, piorando seus sintomas e exigindo um nível de suporte moderado.

Em todos os casos, devemos parar de tratar o diagnóstico de autismo como algo pejorativo, como uma incapacidade que a criança carregará para toda sua vida e que trará apenas sofrimento para ela. Muitas vezes, pessoas com autismo têm também habilidades acima da média. O autismo é uma característica que impõe limites e nosso dever é achar a medida de suporte para a criança superá-los. Quando fechamos o diagnóstico, nós, como pais, como terapeutas, precisamos agir imediatamente! Quanto mais cedo, melhor para ela. É na infância a melhor janela de oportunidade para ensinar os recursos de desenvolvimento, comportamento e neurológico. Por isso a importância da intervenção precoce; assim ela pode, desde pequena, aprender ferramentas e repertórios que irão ajudá-la nesse processo.

Uma criança, com TEA, TDAH, TAG ou qualquer outro transtorno, ainda é uma criança! Ela está aprendendo todo dia! Ela quer brincar, quer se divertir, quer conhecer o mundo ao seu redor! Quando oferecemos ajuda a ela desde cedo, estimulamos sua curiosidade e aprendizagem, facilitamos o processo de adaptação que ela terá ao longo da vida. Ao crescer, ela irá nos agradecer.

Eu conheço tantas histórias de crianças que tiveram dificuldade no começo, mas que superaram essas barreiras e hoje vivem suas vidas de maneira funcional! Acompanho algumas delas pelas redes sociais. Uma delas, que aqui vou chamar de Valentina, adorava animais. Nas nossas primeiras sessões, percebi que ela prestava muito mais atenção nos brinquedos e figurinhas de bichinhos, então trabalhamos isso com ela.

"Valentina, que bichinho é esse?", perguntávamos, e ela, um dia, conseguiu falar "CA-Ô-ORRO". Ela tinha dificuldade de interagir na escola, mas quando aprendeu a se comunicar, a contar coisas do seu dia e da vida, aquele pequeno interesse a fez arrumar os primeiros amiguinhos. Hoje, a Valentina trabalha em um *pet shop*. Fico tão feliz quando vejo vídeos dela trabalhando, lavando os bichinhos, afofando, colocando fitinhas nas orelhinhas deles!

Outro paciente meu, que vou chamar de Eduardo, era um menino inquieto que fazia muita birra. A mãe sofria muito, ficava muito cansada, achava que o filho "gostava" de fazer aquilo! Mas não: ele fazia birra porque não conseguia se comunicar. Não conseguia se fazer entender ou mostrar para a mãe o que estava sentindo ou precisando, então reagia daquela maneira. Insistimos e insistimos até que ele começou a nos responder. Passou a escutar a mãe, falar com ela, negociar o que queria, seguir seus comandos. Algum tempo depois começou a nomear as primeiras palavras. Acompanho essa família amada nas redes sociais. Ele virou cantor! Tem uma banda e tudo mais. Agora estou esperando um autógrafo que ele me prometeu.

Rosa era uma menina muito intuitiva que gostava de pegar os brinquedos. Sempre quando eu mostrava um brinquedo novo, ensinando a ela o nome, esticava a mãozinha e só ficava satisfeita quando eu o entregava. Usei isso a nosso favor. Ela passou a apontar os brinquedos na prateleira. Estimulamos ela a falar — quando conseguia, dávamos o cubo ou a bolinha para brincar. Hoje, Rosa é uma artista plástica e faz pinturas lindíssimas em aquarela. Tenho uma delas em casa.

São essas histórias que me incentivam a continuar, que me fazem insistir todos os dias que autismo não é um defeito, apenas uma situação que torna nossos pequenos diferentes e que exige de nós atenção, cuidado e suporte. Quando eu os ajudo, me sinto parte de uma grande corrente do bem, pois sei que eles, quando crescerem, ajudarão outras pessoas e impactarão outras vidas. Seja como assistente de *pet shop*, cantor, artista plástico, médico, designer de games, analista de TI ou atendente de hotel, as crianças viverão suas vidas como quaisquer outras. Algumas delas continuarão precisando de suporte mesmo quando adultas. Mas, de um jeito ou de outro, elas encontrarão felicidade. E isso basta para mim.

Se você é um pai ou uma mãe que suspeita que seu filho tenha autismo, ou se você já tenha fechado o diagnóstico, tenho que dizer para você: **respire, vai ficar tudo bem**. Ele é diferente, sim, mas ele não é um erro. Você vai encontrar uma maneira de se comunicar com ele, ele vai encontrar uma maneira de se comunicar com você. Juntos, descobrirão o que ele precisa para ser feliz e ele te amará por isso.

Como diagnosticamos o autismo?

Tudo bem, Mayra, entendi que o autismo não é um defeito, mas como eu sei que meu filho tem autismo? Como é esse diagnóstico? E afinal, o que causa isso?

Todo mundo pensa que o autismo é uma coisa só. Que autismo é como catapora: ou a pessoa tem, ou não tem. E isso não é verdade. Existem vários tipos de autismo que se manifestam de formas diferentes em cada pessoa. Há centenas de genes identificados e relacionados ao espectro autista, mas que se combinam, se cruzam, se isolam, aparecem em uns casos e não aparece em outros. A cada paciente, identificamos níveis de suporte que definem o quanto a criança vai precisar de apoio para se desenvolver.

Um estudo publicado na *Jama Pediatrics*, respeitada revista americana de pediatria, revelou que, nos Estados Unidos, entre os anos de 2019 e 2020, uma a cada 30 crianças e adolescentes foram diagnosticadas com autismo[1]. Repito: uma a cada 30!

Por que os diagnósticos estão aumentando? Não é exatamente que hoje temos mais autistas do que no passado, e sim porque atualmente, há mais acesso à informação. Além disso, os pais são mais sensíveis aos atrasos e dificuldades da criança e buscam ajuda especializada quando percebem que elas não conseguem desenvolver certos comportamentos. Outro fator é que os diagnósticos também melhoraram. Surgiram novos estudos, novos indicadores, novas ferramentas de teste que permitem a identificação de traços do espectro.

Podemos começar a perceber esses traços a partir dos 2 anos de idade. A criança pode apresentar alguns atrasos na fala — como, por exemplo, não balbuciar, não mostrar intencionalidade de reproduzir som — e, em vez de se comunicar, ela apresenta movimentos repetitivos, que chamamos de **estereotipias**. Ela pode correr de um lado para outro, fazer movimentos repetitivos com os bracinhos ou as mãozinhas, procurar objetos e padrões com os olhinhos, ficar pulando ou repetindo coisas sem função de comunicação, para se autoestimular ou autorregular. Os comportamentos repetitivos são mais fáceis de perceber por que são chamativos, evidentes, estranhos aos nossos olhos. Outras vezes, só acontecem dentro da cabecinha das crianças, e são mais difíceis de identificar.

Por isso, os pais precisam procurar ajuda profissional para um diagnóstico. Nem sempre uma criança introspectiva, quietinha, ou uma criança pouco expressiva, ou uma criança com comportamentos repetitivos, pode ser automaticamente diagnosticada com autismo. No entanto, quando juntamos essas características e elas são analisadas por um especialista, ele fará testes e questionários a partir

---

1. Qian Li; Yanmei Li; Buyun Liu; et al. *Prevalence of Autism Spectrum Disorder Among Children and Adolescents in the United States From* 2019 to 2020. Jama Pediatrics, n. 176, v. 9, pg. 943-945, 2022.

de padrões e indicadores científicos, e poderá enquadrar melhor a situação de cada caso.

No consultório, acontece de vez em quando de ter que explicar que não existe uma "ressonância magnética para autismo". Não há nenhum tipo de exame de sangue ou de imagem para identificar os traços do autismo no cérebro — não é como a Síndrome de Down, por exemplo. A avaliação do espectro autista é uma avaliação comportamental, que analisará cada criança a partir de suas características de ação e reação em relação ao ambiente.

Se os atrasos na fala não são o indicador automático de autismo, ao mesmo tempo, a ausência do diagnóstico de autismo não impede uma criança de ter, sim, atrasos na fala. Essa é uma diferença muito importante para esse livro. Em geral, as crianças do espectro apresentam essa característica e, por isso, precisam do tipo de suporte que oferecemos nestas páginas.

Também é possível que a criança apresente só alguma dificuldade específica — talvez ela não consiga pronunciar certas consoantes, ter dificuldade de expressar sua vontade ou contar alguma coisa, pode confundir palavras ou não conhecer muitas palavras. Alguns casos serão resolvidos por fonoaudiólogos e outros precisarão do estímulo de terapias adicionais.

Em todos os casos, se você percebe alguma estereotipia em seu pequeno, ou está com dificuldade de estimulá-lo a falar, leve-o para um terapeuta especialista em avaliação comportamental! Com isso, você poderá entender se o seu filho tem atrasos, quais são eles, em quais áreas, e como você poderá ajudá-lo.

Um bom especialista vai ensinar como você pode estimular seu filho em casa, além de indicar quais profissionais precisarão atuar para o desenvolvimento de habilidades e a recuperação dos atrasos — psicoterapeuta, fonoaudiólogo, pedagogo, terapeuta ocupacional etc. Ao fim desse processo, você pode receber ou não um diagnóstico fechado de Transtorno do Espectro Autista (TEA) para ele. Não fique com medo de um diagnóstico: quanto mais cedo possível você entender onde seu filho precisa de ajuda, mais cedo poderá ajudá-lo.

Anos atendendo famílias nessa mesma situação me fizeram acostumar com duas situações: aqueles pais que consultam diversos profissionais e se agarram naquele único diagnóstico que diz que os filhos não possuem autismo e aqueles outros que, ao verem a possibilidade do diagnóstico de autismo, consideram aquela uma explicação possível. Lembre-se: autismo não é catapora. Existem diversas manifestações possíveis dentro do espectro. Como essa avaliação é baseada em comportamento e tem vários níveis de complexidade, muitos fatores podem contribuir para os resultados: o próprio profissional, as ferramentas que ele usa e o comportamento da criança no dia em que fez os testes.

Por isso, **concentre-se na tarefa de identificar quais são os atrasos de seu filho e como você poderá ajudá-lo.** Se, depois disso, o diagnóstico de autismo for feito por um (ou mais de um) profissional, não se desespere, não se assuste. Continue com a ideia de que essas são limitações do seu filho que serão enfrentadas e superadas com sua ajuda.

Até o momento, a ciência compreende que as causas do autismo são genéticas. São milhares de genes que explicam a incidência do TEA, que podem vir dos dois lados da família, além de casos em que os genes se mutaram na formação da própria criança. Este não é um livro para explicar a ciência por trás do DNA autista. O que precisamos aprender é que o autismo é, sobretudo, algo sobre o qual não temos controle. Não é culpa do pai, da mãe, dos avós, e tentar encontrar um "culpado" só aumenta a carga emocional do tratamento e traz estresse para os pequenos.

No livro *SOS Autismo: Guia completo para entender o Transtorno do Espectro Autista*, eu me aprofundo nesse tema. Explico com mais detalhes o que é o autismo e suas causas, como é feito o diagnóstico, como brincar com as crianças, como realizar o manejo de comportamentos inadequados, assim como o aprendizado e a inclusão escolar. É uma leitura complementar que deixo como sugestão caso você queira entender aspectos do tratamento que não abordaremos aqui.

Quatro conselhos para pais de crianças com autismo

Se você está com este livro em mãos, provavelmente é porque estava pesquisando sobre crianças com atrasos da fala e acabou me conhecendo. Vou presumir que ou você está desconfiado que seu filho tem autismo, ou já recebeu o diagnóstico e está agoniado por saber como proceder. No Capítulo 3, vamos para o tratamento, para os primeiros passos que estimulam uma criança a começar a falar. Mas, antes de chegar neles, tenho quatro conselhos para pais e mães de crianças autistas.

O primeiro deles é **reconhecer uma boa avaliação comportamental**.

"E como vou saber se a avaliação que fiz foi boa?"

Você precisa se perguntar se ela foi capaz de identificar os atrasos específicos do seu filho. Cada paciente é único. A avaliação é o instrumento que usamos para medir e entender as lacunas do desenvolvimento de cada criança. Isso foi bem explicado para você? Você sabe dizer o que seu filho não conseguiu desenvolver, em quais áreas ele está com mais dificuldade? Não deixe de fazer perguntas ao terapeuta que o avaliou. Entender a situação do pequeno é o primeiro grande passo e o mais importante, pois te dará as informações para seguir adiante.

Em segundo lugar, **você precisa estar disposto a estudar**. Não estou dizendo que você precisa se transformar em um neurocientista especializado em autismo infantil da noite para o dia. Mas, para ajudar alguém, você precisa entender o que a pessoa precisa. Para ajudar seu filho diante de um diagnóstico de qualquer doença, você precisa entender quando e de que maneira ele precisará de sua ajuda. Você precisa conhecer o tratamento, conhecer quais são seus objetivos e se dispor a ajudar a realizá-lo.

Para ajudar crianças com diagnóstico de TEA, eu indico aos pais que, se possível, se capacitem em ABA e Estratégias Naturalistas. Isso fará diferença na condução das suas ações para gerar estímulos, o que, por sua vez, vai ajudar no desenvolvimento da criança.

Esse conhecimento garantirá uma visão mais ampla de como promover e ampliar os bons comportamentos dentro de casa, bem como diminuir aqueles comportamentos indesejáveis (tais como birras, esquivas, vícios em eletrônicos, entre outros).

Mas não se estresse com essa indicação: não quero aumentar a carga emocional desse momento fazendo parecer que você precisa ir até a biblioteca mais próxima e ler 20 livros sobre ABA neste mês (não se assuste com essa nova sigla, ABA. Em breve falarei mais sobre ela!). Tudo é um processo gradual que acompanhará você à medida que seu pequeno cresce e desenvolve-se. Esteja aberto e disposto a aprender, esse é o meu conselho.

E o fato de você estar lendo este livro já é um grande passo nessa direção! O título é *Me ajuda a falar?*. Se você o comprou para ler, é porque quer ajudar seu filho, não é mesmo? Isso é ótimo! Quando os pais sabem o que fazer, contribuem para o tratamento, complementam as horas de terapia com exercícios em casa, e os resultados são muito mais efetivos. Além disso, a informação ajuda os pais a ficarem mais calmos. **Conhecimento liberta!**

Depois que você fizer uma boa avaliação comportamental, entenderá os atrasos específicos do pequeno. O livro que você tem em mãos é para lidar com os atrasos particulares da fala, com instruções sobre o que fazer nessa área, com exercícios e práticas para contribuir com o tratamento. Você se dispôs a se capacitar para isso e, até o fim da leitura, saberá como ajudar!

Você também pode encontrar nas minhas outras publicações temas relacionados que podem ser úteis, a depender das necessidades específicas do seu filho. São eles os livros *SOS Autismo: Guia completo para entender o Transtorno do Espectro Autista* e *Cérebro Singular: Como estimular crianças no espectro autista ou com atrasos no desenvolvimento*.

Além dos livros, tenho também cursos online e meu canal no YouTube com vários vídeos com explicações, palestras, conversas e entrevistas sobre autismo infantil. E, claro, sou fundadora do Instituto Singular, onde temos clínicas de atendimento presencial e online, uma área de pesquisa científica para garantir o que fazemos e controlar os resultados e diversos cursos de formação para pais, terapeutas e educadores de crianças autistas. Mas lembre-se: você não é obrigado a consumir tudo isso de uma vez para ajudar seu filho. O primeiro passo você já deu. Sinta-se livre para pesquisar e aprender mais conforme as necessidades surgirem no dia a dia.

Em terceiro lugar, você precisa entender que, ao longo do processo, você trabalhará com os estímulos que cercam seu filho. Explicamos, no tópico anterior, que o autismo é uma manifestação genética sobre a qual não temos muito controle. E o que podemos controlar, então? O ambiente em volta da criança. Isso é uma ideia importante.

Nós podemos e devemos modificar o ambiente em que a criança está inserida e é estimulada: podemos oferecer para ela estímulos em casa, no consultório, na escola, nos lugares em que ela se sente segura para aprender, se arriscar e se desenvolver. **O ambiente em que essa criança vive não vai piorar ou curar o autismo, mas pode gerar tantos estímulos para ela que, com o tempo, ela vai se adaptar e se tornar funcional.** O que fazemos em volta dela pode enriquecer o conjunto de neurônios ligados a comunicação, pode fazê-la diminuir atrasos, diminuir prejuízos, fazê-la ampliar o repertório, melhorar seus comportamentos, e ajudá-la a se desenvolver de uma maneira muito melhor.

Você sabe qual o melhor exemplo disso? Os brinquedos sonoros e os eletrônicos que deixamos ao redor da criança.

Hoje em dia, existem ursinhos que falam, "computadorzinhos" com sons, até livros que contam a história sozinhos. As crianças que são autistas e que possuem alterações sensoriais usam esse material para se autoestimular. Ficam apertando repetidamente os botões para ouvir os sons. E isso é muito ruim para o tratamento, pois a criança "se contenta" com esse estímulo e fica pouco interessada em outros sons, no som da própria fala, ou nos brinquedos de madeira que oferecemos na clínica. Meu conselho é tirar as pilhas e baterias, deixar que as crianças usem a criatividade para brincar com aqueles brinquedos de outra forma, que explorem o material e busquem desvendar novas maneiras de usá-lo, pelo menos até que avancem na recuperação de atrasos.

Da mesma forma, os eletrônicos. Isso é uma coisa muito importante, e sei que vários pais se sentem culpados por terem essa conversa comigo. Sabe aquela televisão que fica ligada sem necessariamente estarmos todos na frente assistindo? Aquele *tablet* que passa desenho enquanto estiver ligado, com a reprodução automática ativada, e que serve como carta na manga para entreter a criança? Essas coisas "roubam" a atenção da criança, faz com que elas fiquem distraídas e busquem menos a atenção dos pais.

Sim, eu sei que, às vezes, com a sobrecarga de cansaço dos cuidados que um filho neurodivergente exige, um tempo para respirar é tudo que os pais precisam. Só que afastar com distrações a criança com atrasos, cria um problema: os pais podem até conseguir um sossego imediato para fazer outras coisas naquela hora, mas as crianças vão ficar cada vez mais dependentes daqueles estímulos sonoros pesados e luminosos, e os prejuízos são duradouros.

O cérebro dela registrará aquela sobrecarga de estímulos como "uma coisa normal". A criança terá mais dificuldade de prestar atenção em outras coisas, o que resultará, lá na frente, em menos oportunidades de interação durante o tratamento. A televisão, o *tablet* e o celular criam vícios de estímulos sonoros e visuais na criança, o que pode ser extremamente prejudicial. Ela vai passar a querer mais e mais, vai se tornar dependente deles, e buscar aumentar cada vez mais as doses para ser mais estimulada. Além de prejudicar qualquer tentativa futura de intervenção em seus comportamentos, pode prejudicar o seu sono, sua disposição, sua capacidade de atenção, entre tantas outras coisas.

Por isso, por mais tentador que possa ser deixar a televisão, o *tablet* e celular "cuidarem" da criança por algumas horas, evite sempre!

Ao mesmo tempo, não queremos que a criança deixe de receber estímulos nem que deixe de se divertir! O que devemos é buscar maneiras de fazer isso que não prejudiquem seu sistema neuronal, e que façam ela evoluir em comportamentos funcionais adequados. Porque queremos, sim, que a criança se divirta. Ela terá brinquedos, terá brincadeiras, terá oportunidades de chegar alegre em casa. Não é porque uma criança carrega genes do espectro autista que ela não quer brincar! Queremos estimulá-la, ao mesmo tempo que ela se diverte. E temos várias maneiras de fazer isso.

Em resumo, você, pai, você, mãe, precisa entender que muitos dos resultados do tratamento dependem do que você oferece de estímulo ao redor da criança, tanto positivos quanto negativos. Quer exemplos positivos?

Durante a terapia, ela mostrou interesse no desenho de uma uva? Leve-a até o mercado e escolha uvas com ela na prateleira, usando o som "UVA" como estímulo auditivo! Ela brincou com uma bola vermelha na clínica? Compre uma bola vermelha para ela brincar em casa, estimulando que ela peça para você o brinquedo!

Vamos tratar dessas ações específicas no Capítulo 3, mas, aqui, ressalto que você precisa entender que o entorno da criança é importante para o tratamento. Nós precisamos oferecer estímulo! Precisamos instigar a criança a ser criança: ser curiosa, brincalhona, bagunceira (na medida do que é saudável), descobridora do mundo ao redor dela.

Por fim, meu último e mais importante conselho aos pais: **cuidem de vocês mesmos**. Cuidar de uma criança é uma tarefa difícil para qualquer pai e mãe. Há uma sobrecarga de cuidado com filhos de desenvolvimento atípico, sejam aqueles que têm autismo, déficit de atenção, ou aqueles com outros tipos de atrasos. No fim do dia temos que estar bem para que possamos ajudá-los, temos que estar bem para que eles possam ficar bem! Então, não tenha vergonha de pedir ajuda, de procurar acompanhamento terapêutico. Cuide do relacionamento de vocês, pais, um com o outro. Cuide da sua própria saúde física e emocional. Não deixe sua própria saúde em segundo plano.

Já atendi diversas famílias cujos pais pensam: "Não quero mais saber de nada, não quero mais saber de mim, não quero mais saber do meu marido ou da minha esposa, não quero saber de ninguém, eu só quero que meu filho melhore". E não é assim que funciona. Seu filho precisará de seu apoio a longo prazo. O seu bem-estar se reflete diretamente na melhoria e na evolução do seu pequeno. Por isso, cuide-se, ame-se! No site do Instituto Singular, temos um curso gratuito sobre cuidar de quem cuida, como cultivar o equilíbrio emocional. Deixo a indicação!

Resumo deste capítulo

O que é mais importante você se lembrar?

- A principal característica do Transtorno do Espectro Autista (TEA) é a interação social, verbal e não-verbal, comprometida. Outra característica importante é o comportamento limitado e repetitivo.
- Não é "culpa" de ninguém que uma criança é autista. Autismo é sim uma característica que impõe limitações para a pessoa, mas que, com o suporte adequado, não atrapalha sua qualidade de vida.
- O Transtorno do Espectro Autista (TEA) tem três níveis de suporte, que mostram quanto apoio uma criança com autismo precisa no dia a dia: **Nível 1** – Pouco suporte necessário; **Nível 2** – Suporte moderado necessário; **Nível 3** – Muito suporte necessário. Geralmente, crianças com necessidades de suporte nos Níveis 2 e 3 apresentam atrasos na fala.
- Quanto mais cedo diagnosticarmos o autismo, mais cedo poderemos ajudar nossos filhos. Não tenha medo do diagnóstico.
- Se múltiplos especialistas diagnosticarem seu filho como autista, mas um terapeuta discordar, cuidado para não acreditar apenas nesse último. O oposto também é comum, então não aceite apenas um diagnóstico de autismo: procure opiniões de quem você confia.
- A avaliação que seu filho recebeu foi capaz de te dizer exatamente quais foram os atrasos dele? O que seu filho não conseguiu desenvolver? Em quais áreas ele está com mais dificuldade? Se não tiver respostas boas, procure outra opinião.
- Aprenda tudo o que puder sobre o TEA. Estude, leia, veja vídeos, informe-se. Mas vá aos poucos, com calma. Faça o melhor que puder, sem se descabelar.

- Estimule seu filho, criando um ambiente divertido ao seu redor.
- Cuide de você! Da sua saúde, do seu bem-estar, do seu relacionamento. Você precisa estar bem e forte para ajudar seu filho e ter qualidade de vida. Não negligencie sua saúde.

Mini Glossário

Antes de continuar, revise sua compreensão de alguns termos.

Estereotipias: Movimentos repetitivos que crianças autistas geralmente fazem.

Repertório: O conjunto do que a criança sabe fazer, dos seus comportamentos motores e verbais. Imagine o cérebro da criança como uma caixa na qual podemos colocar informações, habilidades, conexões. Quanto mais dessas informações, habilidades e conexões ela tem nessa caixa, maior é o seu *repertório*.

Avaliação comportamental: Um conjunto de comportamentos e habilidades que serão investigados e testados para saber o que a criança faz com consistência, faz somente algumas vezes ou não realiza e que já seriam esperados para sua idade. No final da avaliação a família recebe as áreas exatas que a criança está com atrasos ou prejuízos.

2

A grande preocupação dos pais: a fala

"Mas ele vai falar?"

Certa vez, uma mãe levou o filho para meu consultório. Vamos chamá-lo de Gabriel nesse livro. Tinha 3 anos de idade. Não esqueço do pequeno dinossauro que segurava com muita força. A mãe descreveu um quadro típico de autismo com atrasos na fala. A cada situação que ela narrava, de dificuldades em casa e na escola, eu sentia a respiração dela ficando mais rápida, mais desesperada. Falava cada vez mais aflita. Enquanto isso, Gabriel permanecia quietinho em sua cadeira, segurando o bichinho com suas mãozinhas pequenas. Os olhos da mãe se encheram de lágrimas até que, finalmente, me fez A Grande Pergunta, que devo ter ouvido no mínimo uma centena de vezes:

— Mas ele vai falar?

Peguei a mão dela, apertei e respondi:

— Ele não vai ter outra opção. Nós vamos dar um jeito, vamos insistir e insistir, vamos encontrar um caminho e descobrir como nos comunicar com ele.

Semana passada, enquanto eu estava preparando a estrutura deste livro, vi uma foto de Gabriel nas redes sociais. Ele se formou no Ensino Médio e postou uma foto com o diploma, todo feliz, com a mãe ao lado. Ele teve dificuldades em terapia — era muito agitado, se desconcentrava fácil — precisou de suporte e adaptações de ensino na escola, mas conseguiu. Observei suas mãos segurando o diploma e me lembrei das mesmas segurando o dinossauro, anos atrás, numa cadeira do meu escritório. Fiquei emocionada!

Atendo diversos pais que, ao se depararem com um provável diagnóstico de autismo em seus filhos, ficam imobilizados, desnorteados, geralmente por falta de informação, e que se sentem incapazes e frustrados ao se imaginarem lidando com o desafio.

Outros pais se desesperam porque idealizaram um "filho perfeito", uma imagem muito arraigada na nossa cultura e disseminada pela falsa sensação de vida perfeita que contaminou nossas vidas pelas redes sociais. Esses pais perdem a calma, antecipando mil cenários ruins, preocupados demais com o preconceito e as dificuldades que virão.

O medo, a ansiedade e o desamparo são emoções válidas. Costumo sempre lembrar aos pais, porém, que eles são a solução: a família precisa fazer parte do tratamento da criança, que vai encontrar apoio em um convívio familiar saudável onde ela possa se desenvolver, enfrentar e superar barreiras. "Vamos dar um jeito", sempre repito. Como discutimos no capítulo anterior, **o autismo não é um defeito. É uma característica que exigirá adaptação e suporte**.

É comum que depois do diagnóstico, algumas mudanças ocorram dentro do seio familiar. Os pais precisam organizar uma nova rotina para se adequarem às necessidades da criança, e essa rotina envolve desde o processo de familiarização do tratamento até a estruturação de um ambiente de aprendizagem em casa, na escola, muitas vezes com a ajuda de terapeutas especializados.

Escuto muitos pais que se sentem bastante sobrecarregados, física e mentalmente. E, como eu expliquei no capítulo anterior, os pais devem se cuidar e procurar ajuda também! Todos nós, pais de crianças neurotípicas ou não, inevitavelmente, nos sentimos assim. Pergunte para qualquer conhecido, pergunte para os seus próprios pais! Ser pai e mãe não é uma tarefa fácil, mas também é uma das mais recompensadoras nesta vida. Ter um filho com alterações no neurodesenvolvimento traz uma carga extra, pois a maioria tem transtorno do sono associado, o que faz com que toda família fique privada de descanso também. Além disso, os pais sofrem mais pela ausência de comunicação, as crianças têm mais comportamentos disruptivos, geram mais despesas financeiras para fazer terapias e demandam mais para serem cuidados. As crianças com atrasos precisam, sim, de ações e iniciativas específicas para estimular seu aprendizado e desenvolvimento, mas, como todas as outras, nos encherão de amor e orgulho.

A dificuldade na comunicação é uma das preocupações mais frequentes e, por vezes, a que mais desespera os pais. Não falar é aflitivo. A criança se sente acuada, desejando ser compreendida em seu próprio mundo e encontrando barreiras entre aquilo que precisa e aquilo que recebe. Para os pais é mais angustiante ainda, já que eles não sabem identificar muito bem o que seus filhos querem ou estão sentindo, não conseguem determinar se estão com dor ou com fome. Quando as crianças já estão na escola, eles não sabem o que aconteceu no ambiente escolar — se alguém fez mal para seus filhos, se estão com algum problema ou com alguma dificuldade.

O atraso na fala é, com certeza, a maior das preocupações dos pais e profissionais ao lidar com crianças dentro do espectro autista. Tudo o que fazemos envolve algum tipo de comunicação. Quando não conseguimos estimular a linguagem nelas, temos dificuldade de lidar inclusive com as outras questões que envolvem seu diagnóstico, como a aversão ao contato físico e afetivo, a oposição a compartilhar objetos, a dificuldade de fazer amigos, entre tantas outras. Como podemos trabalhar essas dificuldades em terapia se não conseguimos o básico, nos comunicar com nossas crianças?

"Mas ele vai falar?", escutei tantas vezes a mesma frase. E, lembrando de Gabriel, insisto no que respondi a sua mãe à época: as crianças não terão outra opção. Antes de continuar esse livro, é preciso que você entenda isso. Há momentos na vida em que temos que decidir entre o caminho fácil e o caminho certo. Se você é um pai ou mãe de uma criança autista, você já fez um enorme favor ao seu filho ou filha ao abrir este livro para ler. Você escolheu o caminho certo. Por isso, fique calma, fique calmo. Nós vamos tentar. Vamos debater a fala e meios para estimulá-la. Vamos insistir. Vamos dar um jeito.

Persista. Vale a pena.

O que precisamos para falar?

Como já estabelecemos, o atraso na fala é um dos indicadores que pode levar a um diagnóstico de autismo, mas crianças sem esse diagnóstico também podem apresentar atrasos na fala.

O TEA, como explicamos, é uma alteração no desenvolvimento neurológico que prejudica a organização de pensamentos, sentimentos e emoções. Como a fala envolve percepção de estímulos e devolução de pensamentos após seu processamento, ela é uma das habilidades humanas mais prejudicadas: os estímulos são desorganizados, emoções que precisam ser lidas e compreendidas são desorganizadas e, por fim, os pensamentos que precisam ser processados para conseguirmos faltar, também são desorganizados.

Adultos autistas, mesmo aqueles que são adaptados e funcionais, ainda têm dificuldade de se comunicar, de perceber gestos e expressões faciais, de entender duplo sentido, além de apresentar alguma dificuldade em pequenos refinamentos sociais comuns na sociedade. Imagine uma insinuação, piada ou sarcasmo. Para autistas, essas brincadeiras com as palavras e seus significados são ainda mais difíceis de entender.

Muitas vezes, por terem um "filtro social" comprometido, autistas apresentam uma sinceridade excessiva, falando exatamente o que pensam, em vez de disfarçarem. Podem dar suas opiniões de forma brusca: recebem um presente e dizem que não gostaram, por exemplo. Por isso, são chamados indevidamente de "lentos" ou "mal-humorados". Na verdade, só não conseguem processar os estímulos e gestos da mesma forma, velocidade e com a mesma organização neuronal que um adulto neurotípico.

Esse déficit na capacidade de comunicação começa a ser notado pelos pais por volta dos 2 anos de idade. É aquela criança que solta sons aleatórios e repetitivos, que não consegue comunicar nem por gestos o que ela quer, que não reage diferente quando está com dor ou se sentindo mal, que não consegue processar tudo o que escuta e aparenta desatenção ou apatia quando é chamada pelo nome.

A partir dos 2 anos de idade, a depender dos padrões repetidos ou do nível de ausência dessas reações, podemos determinar o quanto as funções comunicacionais estão comprometidas. E aí podemos entrar com as intervenções precoces e terapia! Ao fazer isso, buscamos reabilitar o canal de comunicação com essa criança. E como podemos desenvolver uma habilidade nova como a fala? Como a criança aprenderá a falar, se ela não aparenta conseguir isso naturalmente?

Como funcionam as técnicas de estímulo de comunicação verbal

Nosso programa de intervenção precoce para estimular a fala é baseado na ciência ABA, que vem do inglês *Applied Behavior Analysis* e significa, em português, *Análise Aplicada do Comportamento*. Essa é a ciência que ensina novas habilidades para crianças e que, portanto, nos ajudará a ensinar nossos pequenos a falarem!

A ABA é um campo da psicologia comportamental que estuda a análise funcional dos comportamentos das crianças e é reconhecida por ser muito utilizada no ensino de crianças com Transtorno do Espectro Autista (TEA).

Quando partimos da psicologia comportamental estamos, basicamente, tentando descobrir quais estímulos levam a determinados comportamentos e como determinadas pessoas respondem a estímulos diferentes. Na ABA, nos preocupamos em identificar os estímulos e comportamentos nas crianças com atrasos. Sempre nos perguntamos: "Quais comportamentos adequados queremos estimular (como, por exemplo, a fala)?" A partir disso, estudamos quais estímulos serão necessários para obter as respostas que desejamos. **A ABA é a ciência que nos oferece o conjunto de técnicas para estimular e reforçar os comportamentos.**

Nós cuidamos do que está em volta da criança, cuidamos para que ela entenda o que queremos dela, cuidamos para que seja capaz de realizar o comportamento. Quando essa resposta é gerada, oferecemos consequências positivas para que seu cérebro associe aquele comportamento como algo prazeroso, como algo que vale a pena fazer e repetir. A partir de um **reforço "positivo"** (isto é, dando alguma coisa para a criança que ela goste), esse comportamento tende a aumentar em frequência e intensidade. Então, por exemplo, se estamos no começo do tratamento e repetimos uma palavra específica querendo que a criança imite, temos que fazer uma festa quando ela conseguir imitar.

> **Qual a diferença de reforço positivo e reforço negativo?**
>
> Todo reforço é bom. Todo reforço é útil.
>
> Um reforço positivo é quando **damos alguma coisa** que a criança gosta, **introduzindo um estímulo prazeroso** logo depois de determinado comportamento. Algo bom é adicionado após o comportamento, o que aumenta a probabilidade de que o comportamento se repita. Exemplos simples são dar um chocolate, um suco, um brinquedo para ela brincar etc.
>
> Um reforço negativo é quando **tiramos alguma coisa** que a criança não gosta, **eliminando um estímulo indesejado** logo depois de determinado comportamento. Algo desagradável é removido após o comportamento, o que também aumenta a probabilidade de que o comportamento se repita. Um exemplo: se a criança está incomodada com uma luz forte e tenta verbalizar algo como "apagar", você apaga a luz. Isso remove o estímulo sensorial desagradável, reforçando a comunicação pelo uso da palavra como um pedido.

Da mesma forma, se identificamos um comportamento ruim — como birra, esquiva ou necessidade de controle excessiva —, e agimos com técnicas específicas de prevenção ou extinção, esse comportamento provavelmente vai diminuir. Ainda não darei exemplos de como lidar com esses comportamentos inadequados porque precisaremos de um tópico no Capítulo 4 só para falar deles. Por enquanto, preciso que você entenda esse esquema:

Base da ABA

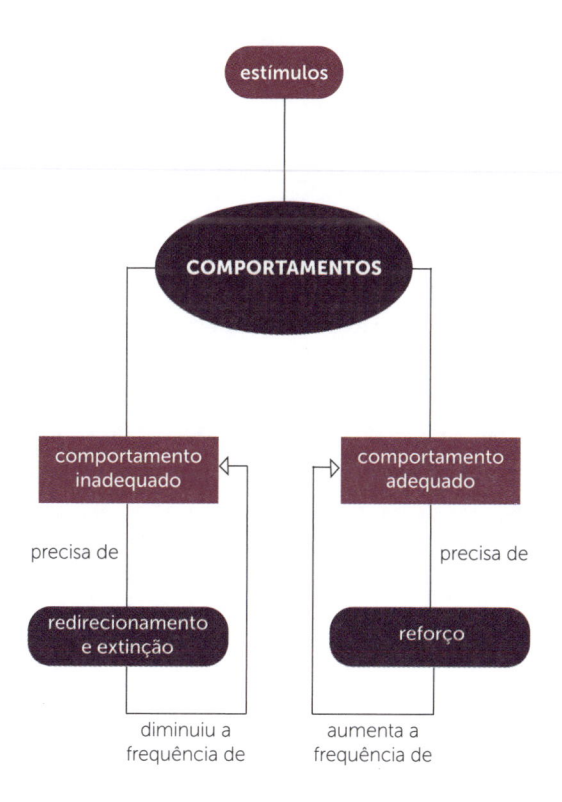

```
                    estímulos
                        |
                  COMPORTAMENTOS
                   /            \
        comportamento        comportamento
         inadequado            adequado
         precisa de            precisa de
        redirecionamento        reforço
         e extinção
         diminuiu a            aumenta a
         frequência de         frequência de
```

Tanto em minha prática clínica quanto neste livro, eu prefiro a abordagem naturalista da ABA.

O que significa uma ABA naturalista? Uma ABA com enfoque humanizado, uma análise de comportamento que considera que crianças são, acima de tudo, crianças: seres humanos que, na idade de desenvolvimento, querem brincar, aprender, se divertir, se sentirem bem e seguras com lugares e pessoas que lhe são familiares.

A criança não pode ser tratada como um animal em adestramento que vamos treinar e dar um pequeno agrado para parabenizá-la por algum comportamento. Seu aprendizado é inserido no seu ambiente e contexto: dentro das brincadeiras, dentro de casa, das atividades de sua vida diária, dentro da escola.

A ABA não é um programa de intervenção engessado, "separado" da vida da criança e da família, em que ela terá oportunidade de aprender e se desenvolver apenas quando estiver numa clínica com a equipe de terapeutas. Usamos a ABA naturalista porque ela favorece a aprendizagem e aumenta a motivação da criança no tratamento. Nós queremos ver as crianças felizes, satisfeitas por estarem aprendendo, querendo imitar, querendo seguir comandos, querendo interagir e brincar e, enfim, querendo se expressar, querendo emitir comportamentos verbais.

Numa abordagem naturalista, nós fazemos um pouco do que a criança quer, seguindo sua liderança, para ganhar a atenção dela e, aos poucos, inserimos nossos objetivos de estímulo e geração de resposta para motivar e naturalizar comportamentos. Em alguns momentos, ao percebermos que a criança começou a dispersar a atenção, voltamos a fazer um pouco do que ela quer novamente, para, logo depois, repetirmos as etapas que propomos para o desenvolvimento de sua fala. É um ciclo que, a todo momento, considera a aplicação da ciência do comportamento a partir de brincadeiras, da motivação e do incentivo para fazer com que ela responda.

O Modelo Denver de Intervenção Precoce (ESDM, sigla em inglês para *Early Start Denver Model*), metodologia em que também baseamos nossas técnicas, é uma proposta desenvolvida na década de 1980 nos Estados Unidos, derivada da ciência ABA, que oferece algumas peculiaridades para o tratamento terapêutico de crianças autistas.

O ESDM promove o desenvolvimento da criança por meio de contatos sociais contínuos e prazerosos. Eles baseiam os estímulos no motivador do comportamento e na sua socialização a partir dele, apontando as brincadeiras como melhor consequência positiva para um comportamento adequado. Isso é muito legal, não é? **É brincando com nossas crianças que encontramos o maior reforço para as respostas que queremos incentivar e aumentar em frequência. São nesses momentos de brincadeiras que as ensinamos a falar!!**

Lembre-se:

Nosso objetivo principal é criar um ambiente saudável, divertido e sociável para que a criança aprenda e aumente seu repertório de comportamentos adequados.

Toda criança faz coisas boas, mesmo crianças que estão com muito atraso. Nós vamos aprender a identificar os comportamentos bons de cada criança e estimulá-los a progredir até que se transformem em comportamentos verbais funcionais.

Por onde eu começo?

A ideia principal em tudo o que propomos é que a criança com TEA precisa aprender que a comunicação passa por uma outra pessoa. Se a dificuldade dessa criança está na sensibilidade social, em perceber e compreender os estímulos, expressões e gestos de outra pessoa, precisamos, primeiro, ensinar que o **outro é importante para ela**. Para conseguir as coisas que quer e não consegue sozinha, seja um doce ou um brinquedo, essa criança precisa se comunicar. Essa troca é simples para nós, mas não para ela. Ela é a base da comunicação social que permitirá a criança avançar — e por isso os pais exercem um papel tão importante no seu desenvolvimento.

Até mesmo por isso, outra questão que respondo com frequência em atendimento clínico é: tudo bem, Mayra, mas como posso ajudar meu filho? É muito difícil traçar um limite que diz: é assim que o terapeuta vai ajudar e é assim que os pais vão ajudar. O que é responsabilidade de cada um? Alguns pais acham que os terapeutas precisam fazer mais e assumir toda a responsabilidade pelo desenvolvimento da fala da criança, enquanto outros pais querem estar presentes em todas as sessões. Isso não acontece porque alguns pais amam mais os filhos do que outros, ou se importam mais com seus filhos do que outros. Acredito que essa confusão sobre o que é responsabilidade do terapeuta e o que é responsabilidade dos pais vem da falta de informação. Então vamos falar sobre isso?

Costumo dizer que todos ao redor da criança querem a mesma coisa: ajudar a criança a falar. Lembrando disso, fica mais fácil se concentrar em distinguir o papel dos pais e a importância dos terapeutas para chegar a esse objetivo.

Não é e nunca foi meu objetivo que esse livro seja uma "substituição" à terapia. Pelo contrário! É para ser inserido nela! Com a informação adequada, os pais poderão participar mais do desenvolvimento da fala de seus filhos, contribuindo (e muito!) com o trabalho de meus colegas terapeutas. **Todas as técnicas que apresentarei a partir do próximo capítulo poderão ser testadas em casa — e deverão ser testadas para continuar o tratamento fora da clínica.** Algumas vão dar resultados, outras não. É por isso que o terapeuta é tão importante: além de aplicar os passos de uma maneira mais "técnica", só ele pode acompanhar cada caso, avaliar o progresso da criança e medir a necessidade de outras intervenções.

Nenhuma intervenção terapêutica em crianças vai funcionar sem a participação ativa dos pais ou cuidadores. A criança precisa de um modelo a ser seguido, de um vínculo de confiança estabelecido para além das sessões clínicas, de um ambiente seguro, saudável e divertido e que também seja familiar para desenvolver os pré-requisitos que a levarão a falar. **O que falta aos pais é o conhecimento e a informação correta sobre como agir e como avaliar cada caso.**

Os terapeutas são profissionais equipados com as melhores informações do campo. Estudaram para intervir e, diferente dos pais, podem analisar comportamentos e respostas de forma mais objetiva.

Em resumo: pais, escutem os terapeutas; terapeutas, escutem os pais.

Tarefas dos pais:

1. Conversar com o terapeuta sobre o diagnóstico da criança para entender os atrasos e as necessidades específicas de tratamento e suporte que a criança vai precisar.
2. Aprender as técnicas terapêuticas que estão sendo aplicadas nos encontros do consultório para serem reproduzidas em casa.
3. Reproduzir essas mesmas técnicas em casa, relatando para o terapeuta nos encontros seguintes os avanços obtidos e dificuldades percebidas. Os pais precisam repetir os estímulos com consistência! Quanto mais a criança naturalizar os comportamentos, mais fácil vai ser para ela reproduzi-los e generalizá-los!

4. Questionar o terapeuta sobre os comportamentos inadequados para progredir o desenvolvimento da fala — ou seja, quais mais atrapalham do que ajudam. Com isso, vai poder aprender com o terapeuta como reagir adequadamente para que a sua reação não reforce comportamentos inadequados da criança.

Aos pais e terapeutas: coloquem a criança nessa equação. Observe-na. Escutem-na. Interajam com ela. Desde o primeiro momento, a criança está nos dando informações riquíssimas: postura corporal, posicionamento do olhar e microexpressões faciais. Ela não fala porque ainda não atravessou a ponte da comunicação, mas reconhece sua existência e demonstra de várias maneiras estar ciente sobre o mundo ao redor. Já ofereci esse conselho para muitos colegas e o escrevi em outros livros, mas volto a repeti-lo: **mesmo que você já conheça o paciente, mudar seu olhar e parar para observar como se fosse a primeira vez fará muita diferença! Você vai perceber que as crianças têm muitas ideias interessantes para aproveitarmos!**

Aos pais: mesmo que você tenha conhecido e cuidado de várias crianças ao longo de sua vida, observe seu filho como uma criança única, como se fosse a primeira vez que você tenha tido contato com um filhote da sua própria espécie.

Resumo do capítulo

O que é mais importante você lembrar?

- A maioria das crianças no espectro autista tem atrasos na fala, mas isso não é regra universal. Além disso, uma criança pode ter atrasos na fala e não ter fechado o diagnóstico de TEA.
- A dificuldade na comunicação é grande fonte de estresse para os pais e para a criança. O atraso na fala é, com certeza, a maior das preocupações dos pais e profissionais ao lidar com crianças dentro do espectro autista, porque tudo o que fazemos envolve algum tipo de comunicação.

- A dificuldade na comunicação começa a ser notada pelos pais quando a criança tem por volta de 2 anos de idade.
- As crianças pequenas com dificuldades de se comunicar podem emitir sons aleatórios e repetitivos. Não conseguem comunicar o que precisam e podem não reagir quando estão com dor ou se sentindo mal. Elas não conseguem processar tudo o que escutam e aparentam desatenção ou apatia quando chamamos seu nome.
- Pais e terapeutas precisam trabalhar juntos para ajudar a criança. Pais precisam ouvir e fazer perguntas aos terapeutas. Terapeutas precisam ouvir e fazer perguntas aos pais.
- Terapeutas precisam olhar para aquela criança como se fosse a primeira vez. Pais precisam olhar para aquela criança como única, diferente das outras.

3

Ajudando a criança a falar com nosso Modelo Singular de Ensino de Comportamento Verbal

Logo depois que terminei meu mestrado em ABA na PUC de São Paulo, comecei a fazer programas de tratamento para crianças com autismo. Eu estava superfeliz e muito empolgada. Achava que sabia de tudo. Tinha estudado sobre aquele tema durante os 5 anos da faculdade, sido bolsista de iniciação científica, estudado para caramba no mestrado, até recebido a nota máxima na defesa da minha dissertação. E fui para a prática!

Nunca vou me esquecer do dia que tive o primeiro atendimento com um programa específico de comportamento verbal com uma criança, que vou chamar de Iago nessa história. Eu segurava um brinquedo, esperando para entregar para ele assim que falasse, e pedia que ele repetisse o nome das fotos dos animais que eu estava mostrando. Iago, porém, não respondia. E, por isso, não ganhava o brinquedo.

Eu anotava no relatório "paciente não colaborou" e "paciente não respondeu a estímulo". Quando nosso tempo acabou e Iago foi embora sem ter dado nenhum sinal de ter prestado atenção em mim, fui ao chão. Naquele dia, eu me senti uma impostora. Como podia ter estudado tanto para não chegar a nenhum resultado? Eu tinha recebido o respaldo dos meus professores e dos meus colegas de profissão sobre aquele tratamento e sua validade científica, mas ali, entre mim e Iago, todo aquele estudo parecia não ter servido para nada. Na prática, como eu aplicava tudo aquilo? Como ele iria falar?

Naquela época, eu reconheço que enxergava nas técnicas dessa ciência muita teoria e pouca prática. Colocava tudo em "caixas": ou a criança se adequava aos modelos de comportamentos descritos nos textos ou ela que estava errada, não o tratamento. Se eu mostrasse alguma figura e a criança não repetisse a palavra, é porque a criança ainda não tinha desenvolvido a habilidade e precisava recomeçar.

Precisei testar e aprender com meus erros para entender que existem muitas nuances no tratamento e que, no fim do dia, são crianças! Você, que está lendo este livro, precisa entender isso, seja você um pai ou mãe preocupado com seu filho, seja você um colega de profissão passando pela mesma situação que passei.

Depois do mestrado, saí do Brasil para estudar mais sobre ABA. Em Estocolmo, no primeiro de muitos centros para tratamento de crianças com autismo que visitei, pude aprender um pouco mais sobre ABA naturalista e neurociências nas terapias mais modernas para estímulo da fala. E desde então, meu olhar mudou e passei a buscar mais e mais especializações!

Depois uma longa jornada, entendi que é brincando com as crianças que ensinamos de maneira mais eficiente. Porém, temos que saber brincar. O "grande segredo" que tenho para revelar é que a estratégia que dá mais resultado é: aplicar as técnicas de ensino de comportamento verbal junto com as estratégias naturalistas e os conhecimentos das neurociências. É por isso que eu me empenhei em registrar esse método nessas páginas.

Um bom profissional até pode aprender as teorias sobre ensino de comportamento verbal, mas, provavelmente, ainda não aprendeu a brincar. Do outro lado da mesa, um pai pode até saber brincar com seu filho, mas precisa de ajuda profissional para ensinar comportamentos e recuperar atrasos.

Este livro é para juntarmos tudo isso num só lugar. Existem técnicas para ensinar uma criança a falar ao mesmo tempo em que ela se diverte. Não podemos fazer com base em "achismos", ou com base em tentativa e erro. Temos o passo a passo experimentado e comprovado! Agora, sem mais delongas, vamos ajudar nossos pequenos a falar?

O Modelo Singular de Ensino de Comportamento Verbal

Nosso programa de estímulo de fala foi dividido em oito passos, que você poderá acompanhar a partir da próxima página. Quero salientar a escolha do termo "passos" no livro. Imagine essa jornada da fala como uma caminhada, você e seu filho — ou você e seu paciente —, de mãos dadas, andando sobre uma ponte. Se lembra da ponte que nos conecta ao mundo, da qual falamos na introdução? Essa é a ponte da comunicação e este livro é sobre a jornada na qual acompanharemos nossos pequenos para atravessar. E como toda caminhada, obstáculos podem aparecer no caminho.

Saiba que, quando obstáculos aparecerem, está tudo bem. Às vezes, você precisará dar um passo para trás e repetir o "passo" que você pensou que já tinha concluído. Outras vezes, você perceberá que seu filho está se adiantando nessa ponte e apresentando comportamentos que você só viu descrito em passos mais avançados. É um resultado normal também.

Em todos os casos, caso você precise caminhar mais um pouco, dar a volta, recomeçar, continuar ou adiantar, tenha em mente que nosso objetivo é chegar no fim da ponte e não a atravessar de um jeito perfeito.

Os passos são importantes como partes de uma estratégia maior, mas não são engessados pela ideia de que você precisa cumprir cada item da lista de checagem antes de passar para o próximo. O que queremos é fazer com que nossas crianças falem e vamos fazer de tudo para chegar lá!

Importante: caso a criança não esteja conseguindo evoluir, ficando "presa" a um passo, não se desespere! No Capítulo 4 vamos abordar as dificuldades e como vencer cada obstáculo caso esta metodologia não esteja fluindo. É nele que vamos falar de alguns pré-requisitos básicos para que a criança consiga seguir este passo a passo. Antes, no entanto, você precisa aprender quais eles são para visualizar o caminho que irá percorrer:

- **Passo 1:** A criança aprende a fazer sons e transformá-los em pedidos
- **Passo 2:** A criança vai repetir palavras e sons
- **Passo 3:** A criança vai complementar a palavra a partir de uma dica verbal incompleta
- **Passo 4:** A criança fala usando apenas dicas visuais
- **Passo 5:** A criança fala sem dicas visuais
- **Passo 6:** A criança começa frases a partir de estímulos
- **Passo 7:** A criança aprende a interpretar cenas e referências
- **Passo 8:** A criança aprende a relatar eventos passados

Passo 1: A criança aprende a fazer sons e transformá-los em pedidos

A primeira coisa que temos que fazer **é enxergar o mundo pelos olhos da criança** e valorizar como ela está interagindo com esse mundo, principalmente se essa interação acontecer por meio de balbucios.

Não podemos esperar que ela reaja a alguma coisa que vamos fazer sem antes entendermos o que está chamando sua atenção, pelo que ela se interessa e com o que ela gostaria de interagir agora. A ponte da comunicação é o que nos conecta ao mundo, certo? Para ter vontade de atravessá-la, precisamos primeiro ver o que nos espera do outro lado.

Faça um exercício comigo. Onde você está lendo este livro? Olhe em sua volta e descreva para si mesmo o que você está vendo, escutando, cheirando ou sentindo. Não teve nenhuma dificuldade, certo? Agora faça a mesma coisa imaginando que você é seu filho (ou seu paciente). Em que ele prestaria atenção primeiro nesse ambiente? O que faria com que ele se mexesse ou mesmo fixasse os olhos? Como você acha que ele reagiria a esse lugar? Ficaria quietinho ou ficaria agitado? E por quê? Percebe como a sua relação e sua reação com o ambiente — sentado, lendo um livro — é diferente da de uma criança, principalmente de uma criança com atrasos? Talvez você tenha percebido coisas diferentes quando tentou avaliar o ambiente pelos olhos da criança. Talvez uma luz, um bichinho, um cheiro gostoso, um objeto colorido — coisas simples! — que chamam mais a atenção dos pequenos do que a nossa.

As crianças se atraem por coisas que chamam sua atenção sensorial. Lembre-se que são seres que estão aprendendo sobre o mundo, são curiosos para as coisas que não conhecem e querem descobrir o que elas podem fazer. Mesmo crianças com atrasos verbais continuam curiosas — elas apenas não sabem ainda compartilhar aquela curiosidade com o outro. Elas fixam o olhar, erguem a mão, apontam, se mexem, andam ou se arrastam até alguma coisa, e, algumas vezes, balbuciam. São sons simples — POOM! BUUM! MÁ! — ou uma sílaba repetida — BÁ-BÁ! MÁ-MÁ! PI-PI!

Nosso primeiro passo é aproveitar esse momento e valorizar esses sons, esses balbucios, e dar uma função para eles. São o primeiro degrau de uma escada que vai evoluir até que a criança consiga elaborar frases inteiras. Para chegar lá, ela precisa emitir algum som, qualquer som. Quando fizer isso, nós **reforçamos esse comportamento**. Ela precisa entender que: "Ah! Toda vez que eu faço isso, ganho algo legal, minha mãe vem e me dá atenção!", ou então: "Quando eu repito isso aqui, acontece alguma coisa muito legal pra mim aqui em minha volta". Ela vai associar que toda vez que solta um som, recebe atenção ou algo legal.

A criança com autismo emite sons, mas faz isso sozinha, muitas vezes para se autoestimular, procurando algum sentido em seu pequeno mundo. Por isso, é muito importante estarmos sempre atentos ao que nossas crianças específicas, e apenas elas, prestam atenção no ambiente. Às vezes, a criança com TEA repete alguma palavra ou som de maneira estereotipada, sem ter qualquer intenção de se comunicar com outra pessoa. Ela não está querendo te contar algo ou pedir alguma coisa, ela apenas emite aquele som porque acha interessante a sensação de fazê-lo. Mesmo nesses casos, precisamos identificar e valorizar esses sons, transformando-os em pedidos.

Nós começamos prestando atenção na criança: tente perceber o mundo com os olhos dela, tente descobrir o que chama mais a atenção dela, coloque coisas diferentes ou coisas que ela goste no ambiente e deixe que ela interaja com elas. Estimule-a com estratégias naturalistas. Quando ela balbuciar — ou seja, quando ela soltar qualquer som, mesmo que você não entenda o que significa — pare tudo que estiver fazendo e vá até a criança. Diga: "A mamãe (ou o papai, ou a titia, ou o titio) está aqui!", tente identificar o que chamou a atenção dela e transforme aquele som em um pedido, seguido por um reforço positivo. "Você quer o brinquedo?", pergunte, segurando o brinquedo, e então brinque com ela. "Suco de uva?", pergunte, oferecendo o suco.

É importante que você dê uma coisa legal para a criança imediatamente depois que ela soltar um som. Não adianta ela balbuciar no canto da sala, você ir até o armário na cozinha, pegar uma massinha, organizar o lugar dela brincar e levar até ela. Até você chegar, ela já fez outras interações e se interessou por outras coisas.

Para um reforçador de comportamento funcionar de maneira adequada, você precisa associar um comportamento imediato com sua consequência positiva.

Não estava com um brinquedo na mão quando ela soltou um som? Faça uma festa, sorria, beije-a ou abrace-a (se a criança reagir bem com reações de contato), bata palmas, brinque com ela com mais sons. O tempo ideal de resposta é **3 segundos** para fazer alguma coisa legal para a criança. Ela precisa associar que foi aquele comportamento — o balbucio — que a fez ganhar um prêmio, e só conseguirá fazer isso se entender a relação imediata entre as duas coisas.

Você deve operar o reforçador sempre que ouvir a criança emitindo um som. Se você não estava com ela na sala, corra e a recompense! Então, se ela balbuciar "MÁ!", por exemplo, corra até ela com uma massinha e diga "Massinha! E entregue a massinha para ela. Vamos brincar então!". Lembre-se: você também pode provocar esse comportamento! Depois de brincar um tempo, leve a massinha embora e vá fazer outras coisas em outros lugares. Espere ela emitir outro som — provavelmente, porque quer voltar a brincar — e retorne com o material. Quando a criança estiver desinteressada no ambiente, ande com a massinha à vista dela por um tempo e espere ela perceber e reagir. Se ela emitir um som, vá brincar com ela. Fazendo isso, queremos que a criança entenda: "Opa, todas as vezes que eu solto esse barulho aqui, alguma coisa muito legal acontece, vou continuar fazendo".

Resumindo, uma interação típica neste passo seria assim:

Você está com um cubo na mão. A criança quer pegar o cubo. Você diz: "Você quer o cubo?"

A criança emite qualquer som, como "eh!"

Você lhe dá o cubo, reage positivamente, faz festa.

Com o tempo, a criança, de tanto ser estimulada a emitir sons, de tanto ter este comportamento reforçado com uma consequência prazerosa, passa a soltá-los com mais frequência, mais intensidade, e nós seguimos adiante para modelar e melhorar esse som.

Habilidade adquirida neste passo

Ao final desse passo, esperamos que a criança consiga balbuciar sons, (que não choro) com a intenção de conseguir algo, fazer pedidos.

O que fazer:

✅ Prestar atenção na criança e entender o que está chamando a atenção dela, aguardando o momento até que ela emita qualquer som.

✅ Quando a criança emitir um som, premiá-la imediatamente com reforço positivo (dando atenção, brincando, dando algum objeto, comida ou bebida que ela goste, comemorando com ela).

✅ Quando deixar a criança sozinha, voltar para premiá-la sempre que ela emitir outro som.

✅ Provocar a emissão de sons mostrando brinquedos, objetos, comidas ou bebidas que ela goste.

O que NÃO fazer:

❌ Deixar a criança emitir sons sem lhe oferecer qualquer tipo de premiação ou interação.

❌ Demorar para premiar a criança depois que ela emitir um som (lembre-se, você tem 3 segundos para o reforçador ser mais efetivo).

Lista de checagem do primeiro passo:

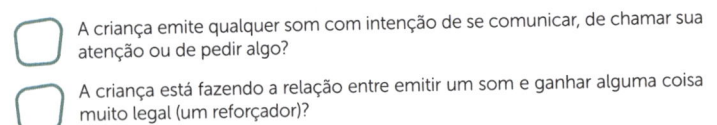

☐ A criança emite qualquer som com intenção de se comunicar, de chamar sua atenção ou de pedir algo?

☐ A criança está fazendo a relação entre emitir um som e ganhar alguma coisa muito legal (um reforçador)?

Passo 2: A criança vai repetir as palavras e sons

A criança já entendeu que emitir sons é algo positivo? Ela já associou o som a alguma recompensa, um retorno do ambiente? Ela está ciente dos sons que faz e sabe que vai receber algo legal em troca desse som?

Ótimo! Ela associou que a comunicação passa pelo outro, ou seja, que ela pode se comunicar com outra pessoa para conseguir o que precisa como uma alternativa a choro ou birras. Agora vamos para o segundo passo.

Desta vez, você vai dar mais ênfase à palavra, porque seu objetivo é que ela emita um som parecido com o da palavra por meio da **imitação verbal**. Então, pegue um cubo (ou qualquer outro brinquedo que a criança goste muito), segure-o no campo de visão do pequeno, chame o nome dele para atrair a sua atenção e diga a palavra CUBO uma vez, pausadamente. Observe as reações dele, principalmente o olhar. Se ele mover os olhos entre o objeto e você, é porque está atento, curioso com o que deve fazer e ansioso para reagir como você espera. Espere um pouco, segure o objeto e repita CUBO, dessa vez mais devagar.

Não espere que a criança consiga falar CUBO de primeira. Se o máximo que ela pode conseguir é reproduzir alguma parte do som — CU, UO, UBO ou BO, ou mesmo apenas as consoantes, C (com som de ke) ou B (com som de be), ou apenas as vogais. Não se preocupe em obter o som da palavra perfeito por enquanto, porque isso vamos refinar depois (aqui, mais uma vez, o trabalho associado ao da fonoaudiologia é importante). Lembre-se de que, por enquanto, a habilidade que queremos desenvolver é a habilidade da criança imitar e, por isso, **você só pode premiar o comportamento se ela repetir algum som da palavra** — não premie se ela soltar um balbucio sem relação alguma com CUBO.

Se a criança conseguir, dê imediatamente o cubo para ela brincar e entender que foi premiada pelo comportamento adequado.

E se a criança NÃO fizer?

Se ela não conseguir, insista mais uma vez, mas tome cuidado para não a estressar. Se na terceira vez que você pedir ela não tentar repetir, aceite qualquer som, como estava fazendo no passo anterior. Se mesmo assim ela não soltar nenhum som, dê ajuda para ela apontar e entregue o objeto. Se ela mostrar que perdeu o interesse, deixe o cubo de lado e brinque com ela com outras coisas para recuperar sua atenção e boa vontade. E continue tentando em outras oportunidades.

Uma interação típica neste passo seria:

Você está com uma bola na mão. A criança quer pegar a bola. Você diz: "Bo-la. Bo-la!"

Se a criança emitir qualquer som diferente, como "eh!", não é recompensada.

Você diz "Bo-la. Bo-la."

A criança diz "óh" ou "áh" ou "ola..." (qualquer som que compõe a palavra "bola"), você lhe dá a bola, reage positivamente, faz festa.

Quero chamar a atenção para as partes dessa atividade que acabamos de fazer. O que vou explicar agora é muito importante para que você entenda os próximos passos. Então, venha se sentar comigo nessa conversa.

Quando mostramos o brinquedo para a criança, estamos dando uma **dica visual** sobre o que ela deve fazer. Quando falamos a palavra CUBO para ela repetir, estamos dando uma **dica verbal** sobre o que ela deve falar.

Aqui, estamos dando a **dica visual e a dica verbal completa (ou seja, eu falo a palavra inteira)** para que a criança reproduza o som. Em passos mais avançados, você vai descobrir que vamos tirando, aos poucos, a dica verbal, e depois tiramos a dica visual também. É preciso que você entenda a diferença entre essas duas e saiba que, agora, nessa etapa, como estamos no começo, você deve oferecer todas elas para que a criança possa aprender e o comportamento seja instalado, ou seja, permaneça aprendido no dia a dia da criança e seja usado em outras situações.

Neste e em todos os outros passos, sempre que possível, tente fazer essas atividades em outros ambientes (não apenas em cômodos diferentes da mesma casa, mas ambientes que você possa sair com a criança para estimulá-la em outros lugares). Também peça para que pessoas diferentes, mas de sua confiança (como outros terapeutas, parentes próximos, tios, tias, avós, irmãos ou primos que a criança tenha, ou outras pessoas que convivem na casa) também possam fazer os exercícios com ela. Isso vai aumentar a chance de generalização daquele comportamento. Isto é, o aprendizado dela será mais fácil e natural.

Ajudando a criança a falar com nosso Modelo Singular | 53

Habilidade adquirida neste passo

Ao final desse passo, esperamos a criança consiga imitar sons quando estimulada.

O que fazer:

✓ Segurar um objeto ou brinquedo de interesse perto da criança, falar o nome do objeto clara e calmamente, e pedir que ela imite o som.

✓ Quando a criança imitar o som, premiá-la imediatamente com reforço (atenção, brincando, dando algum objeto, comida ou bebida que ela goste, comemorando com ela).

✓ Repetir o processo até que a criança faça um som parecido com o som da palavra que está tentando repetir.

O que NÃO fazer:

✗ Demorar ou deixar de premiar quando a criança imitar um som.

✗ Premiar sem que ela tenha emitido um dos sons da palavra (volte ao passo anterior caso aconteça duas tentativas sem resposta; ou seja, se você tentar que a criança repita os sons por duas vezes e ela não conseguir, na terceira vez aceite qualquer som e dê o brinquedo).

✗ Punir a criança tirando o objeto caso ela não faça.

Lista de checagem do segundo passo:

☐ A criança imita sons quando falamos, mesmo que sons imperfeitos, parecem com a palavra que falamos?

Passo 3: A criança vai complementar a palavra a partir de uma parte da dica verbal

Até aqui, valorizamos todos os sons que nossos pequenos emitiram e o ensinamos a prestar atenção no que estamos fazendo para que possam nos imitar. Ainda estamos numa fase inicial, pois não queremos só que a criança tenha a capacidade de reproduzir um som quando o escuta, mas, se você já conseguiu avançar com ela até aqui, meus parabéns!

Não consigo saltar das páginas do livro para celebrar com você, mas sinta-se abraçado e abraçada. Ficarei muito feliz se essas ferramentas estiverem sendo úteis para você. Agora, sigamos em frente!

Depois que a imitação está consolidada, esperamos que a criança, nessa fase, esteja familiarizada com as palavras. Se mostramos uma cadeira, falamos CADEIRA e ela repete — mesmo que seu som ainda saia parecido com CADEIA ou qualquer outro som parecido, o importante é ter um som que corresponda àquele objeto ou que seja o mesmo quando a criança voltar a repeti-lo.

Ela já compreendeu que cada coisa tem um som e é capaz de repetir esse som.

Nosso objetivo agora é eliminar a dependência da criança nessa dica. Até o passo anterior, você usava a dica visual e a verbal juntas. Agora que isso está bem instalado na criança, **você pode começar a retirar um pedaço da dica verbal**.

Você ainda dá a dica visual – mostra o cubo.

Só que em vez de dizer: "O que é isso? BOLA!", você diz: "O que é isso? Bo-...?"

O que você quer é que a criança diga: "-la".

À medida que vamos progredindo, vamos tirar ainda mais sons. Em vez de "bo-...", faremos só o som de "b...", para instigá-la a falar a palavra de maneira cada vez mais completa.

A pergunta "o que é isso?" se torna importante aqui.

Diálogos comuns entre o adulto e a criança serão assim:

Adulto: "O que é isso? CA-NE-...?"
Criança: "-TA".

Adulto: "O que é isso? CA-....?"
Criança: "-NETA"
Adulto: "O que é isso? K...?"
Criança: "-ANETA."
Adulto: "O que é isso?"
Criança: "CANETA".

É claro que essa repetição e prática se estenderá por tempo o bastante para que a criança consiga entender a relação entre o objeto e a pergunta, a relação entre o objeto e o som emitido e a relação entre falar a palavra correta e ser recompensado. Pode ser que demore semanas para tirar cada pedacinho da palavra. Não é de uma vez só.

Aos poucos, novos objetos vão sendo introduzidos na conversa e a emissão correta ou aproximada de sílabas e palavras serão recompensadas. **Lembre-se que ao apresentar um novo objeto, você terá que voltar para o passo 2, em que ela imita a palavra, antes de progredir para o passo 3.**

Quando a criança conseguir falar a palavra completa, podemos seguir para o quarto passo.

Habilidade adquirida neste passo

Ao final desse passo, esperamos que a criança consiga falar palavras completas quando estimuladas pela dica visual e pela verbal *incompleta*

O que fazer:

- ✅ Mostrar objetos de interesse para estimular a comunicação.
- ✅ Falar as sílabas, tirando apenas a última: "CA-DEI-...", aos poucos, "CA-...", progressivamente até chegar em "K...".
- ✅ Ter paciência, pois não é sempre que irá funcionar.
- ✅ Quando a criança complementar a palavra, premiá-la imediatamente com reforço positivo (atenção, brincando, dando algum objeto, comida ou bebida que ela goste, comemorando com ela).
- ✅ Se ela não conseguir, oferecer ajuda verbal da palavra completa para ela emitir algum som (passo anterior) ou apontar e depois dar o reforçador.
- ✅ Repetir o processo até que a criança fale a palavra completa.

O que NÃO fazer:

- ❌ Demorar ou deixar de premiar quando a criança complementar a palavra.
- ❌ Premiar sem que ela tenha conseguido falar a palavra.
- ❌ Insistir muitas vezes com a mesma palavra ou o mesmo objeto (se a criança não tiver interesse, troque a palavra e o objeto ou tente de novo em outra hora).

Lista de checagem do terceiro passo:

- ☐ A criança consegue complementar a partir da dica dada, nomeando o objeto, mesmo que a pronúncia não seja perfeita.
- ☐ A criança consegue falar a palavra inteira com o mínimo de dica verbal (apenas o som inicial da primeira sílaba ou até a formulação silenciosa da palavra na boca do adulto).

Passo 4: A criança fala usando dicas visuais

Nos passos anteriores:

- A criança percebeu que coisas legais acontecem quando ela emite sons.
- A criança então foi estimulada a emitir sons, com dicas visuais e verbais completas. Ela compreendeu que cada objeto tem um som e passou a replicar esses sons, mesmo que de forma imperfeita, mas com intencionalidade.
- Então, com dicas verbais incompletas, a criança foi estimulada a ir além da imitação. Agora ela complementa os sons que faltam para nomear cada objeto.

Agora, chegamos ao passo de **eliminar as dicas verbais de repetir ou completar as palavras**. Agora, usamos dicas verbais diferentes.

Introduzimos perguntas: "Você quer isso? O que é isso?", "O que é isso aqui?", "Qual é o nome disso?", "Você quer esse?", "Como chama esse?"

Ainda estamos mantendo a dica visual, mostrando o objeto. Estamos usando as perguntas para estimular. **O que queremos da criança é que ela nomeie o objeto quando o vê.** Queremos chegar no ponto em que a criança emite o som correspondente ao estímulo visual sem que precise perguntar o que é. Ou seja, queremos que ela fale o nome espontaneamente.

Mais uma vez, quando ela conseguir, deve receber o brinquedo imediatamente, recebendo um reforço pelo comportamento emitido.

Se a criança não responder quando você apresentar um objeto ou brinquedo, refaça os Passos 3, 2 e 1 de trás para frente: tente fazer com que ela complete a palavra, tente fazer com que ela imite a palavra completa e, depois, tente fazer com que ela emita algum som, qualquer som. Se nenhum dos passos funcionar, volte e a ajude a apontar, pois assim conseguimos ao menos uma resposta da criança a partir de um ponto de apoio. E não desista! Esse é o processo.

Ao ensinar novas palavras, voltamos ao Passo 2 e percorremos esse caminho de ir retirando dicas até que ela consiga ampliar seu repertório e usar as palavras para se comunicar.

Habilidade adquirida neste passo

Ao final desse passo, esperamos que a criança consiga falar palavras completas quando estimuladas apenas pela dica visual (e, se precisar, por dicas verbais de perguntas como "o que é isso?").

O que fazer:

- ✅ Mostrar objetos de interesse para estimular a comunicação.
- ✅ Se necessário, perguntar: "O que é isso?", "qual é o nome desse?", "Você quer esse? Como ele chama?".
- ✅ Ter paciência, pois não é sempre que irá funcionar.
- ✅ Voltar ao passo 2 e seguir a partir daí sempre que apresentar um novo objeto.
- ✅ Quando a criança falar a palavra apenas pela dica visual, premiá-la imediatamente com reforço positivo (com atenção, brincando, dando algum objeto, comida ou bebida que ela goste, comemorando com ela).

O que NÃO fazer:

- ❌ Demorar ou deixar de premiar quando a criança complementar a palavra.
- ❌ Premiar sem que ela tenha conseguido falar a palavra.
- ❌ Insistir muitas vezes com a mesma palavra ou o mesmo objeto (se a criança não tiver interesse, troque a palavra e o objeto ou tente de novo em outra hora).

Lista de checagem do quarto passo:

- ☐ A criança consegue nomear os objetos que ela conhece a partir apenas da dica visual.

Passo 5: A criança fala sem dicas visuais

É importante que você perceba que a cada passo, não estamos fazendo nenhuma transição radical. Estamos aos pouquinhos tirando pedaços de dicas. Nada é brusco, tudo é controlado. Justamente para não termos margem para erro.

Aos poucos, vamos cortando as dicas verbais, pedaço por pedaço da palavra, até não haver palavra alguma, usando as perguntas. Agora, **temos que ensiná-la a associar o som das palavras com seus significados, suas funções, suas aplicações.** Como fazemos isso? Estimulando o cérebro dela a fazer conexões entre os usos, funções e características desses objetos e o nome deles. Fazemos isso gradualmente, **reduzindo aos poucos a dependência que ela tem das dicas visuais e verbais para falar o nome de determinada coisa.**

Como faremos isso?

Vamos supor que a criança goste muito de um cachorrinho de pelúcia. Podemos pegar esse bichinho e colocá-lo dentro de uma caixa. Acrescentamos novas perguntas, focando nas funções e características desse objeto que ela já conhece e já aprendeu a nomear em passos anteriores:

"Qual é o nome desse? Ele faz au-au. Ele é fofinho. Ele é marrom."

"O que é isso aqui? Coloca os dedinhos dentro da caixa."

Quando a criança coloca os dedos na caixa e sente a pelúcia, estamos dando uma **dica tátil**. Aos poucos, até isso nós vamos tirar.

Vamos supor que a criança já aprendeu o que é uma tesoura e já sabe nomeá-la. Você pode colocar a tesoura atrás das costas para tirar a dica visual e instigá-la com a descrição, estimulando outras áreas do seu cérebro. Faria perguntas assim:

"Para que serve o que eu estou segurando? Usamos para cortar papel."

Quando a criança falar "TESOURA", ela vai ter completado este passo.

Outras perguntas para usar nessa etapa são, por exemplo:

"Como chama aquilo que você brinca na quadra, correndo, com seus amigos, e chuta no gol?"

Bola.
"Qual é o animal da fazenda que dá leite e faz múuu?"
Vaca.
"O que é, o que é que abrimos em cima da cabeça quando chove?"
Guarda-chuva.
E assim por diante.

É natural o processo de ir e voltar nesse passo. Estamos em um momento mágico no processo de aprendizagem da criança em que ela está conhecendo o mundo por meio dos nomes. Quanto mais esse processo for divertido para ela, mais ela vai querer conhecer sons e palavras, mais ela vai querer nomear.

Quando você estiver ensinando ao seu filho ou paciente novas palavras, você irá se perguntar em algum momento: "Quais palavras vou ensinar?". Quero te convidar a refletir que essa não é uma escolha sua. Não vou mostrar uma lista de "melhores palavras para ensinar" ou "palavras difíceis para testar seu paciente". Afinal, você não está ensinando um papagaio a falar, você está ensinando uma criança! Essa criança quer conhecer o mundo, se integrar, se divertir e brincar com as coisas e pessoas que chamam sua atenção. Por isso, você deve usar esses momentos de aprendizagem como uma oportunidade para estimular a criança a se divertir mais ainda!

Ela gosta de brincar com uma bolinha? Ensine a palavra BOLA. O cubo mágico chama sua atenção pelas cores bonitas? Ensine CUBO. A criança gosta de desenhos de elefantes? Então é ELEFANTE a palavra que ela precisa aprender!

Ela tem um dinossauro de brinquedo que carrega para todo lado? Sim, por mais contraintuitivo que possa parecer, por ser uma palavra grande, DINOSSAURO é a melhor palavra para ensiná-la. **A criança precisa enxergar relevância, prazer e diversão no que ela está aprendendo.**

Por isso cada caso é um caso, cada filho é um filho, cada paciente é um paciente. Em teoria, a palavra BOLA é mais fácil de aprender que DINOSSAURO, mas se a criança odeia brincar de bola e ama seus brinquedos de dinossauro, ela terá uma aprendizagem mais rápida e significativa com DINOSSAURO. Isso faz parte de seguir a liderança, respeitar a motivação da criança e adaptar materiais!

Além disso, nós também precisamos estimular as crianças no dia a dia! Se você estiver testando as ferramentas desse livro em casa, provavelmente deve estar separando 1 hora ou 2 do seu dia para se sentar com seu filho no sofá e experimentar essas técnicas. Se você estiver fazendo o acompanhamento com uma equipe de terapeutas, você certamente reservou alguns horários na semana para acompanhá-lo na clínica. O que eu quero pedir é: **use o que estou te ensinando nas situações do cotidiano, sempre que enxergar uma boa oportunidade de aprendizagem para a criança.**

Se você está trabalhando com ela em casa, use as mesmas técnicas fora da hora do sofá, quando estiver interagindo com ela no almoço, no banho, na hora de dormir ou de arrumá-la para ir para escola. Aproveite os interesses da sua criança. Observe o que ela quer pegar, onde quer mexer, segure e aplique as técnicas antes de permitir o acesso. Se você está fazendo acompanhamento clínico, use as técnicas quando estiver em casa, em horários com ela, ou passando algum de seu tempo livre com ela.

Suponhamos que seu pequeno adore comer uvas. Em vez de ficar sentado com ele no sofá durante horas com o desenho de frutas, repetindo U-, U-, U-, leve-o para um mercado e se aproxime da prateleira de uvas com ele. Faça ele compreender que você quer pegar as uvas para ele, mas ele precisará dizer o nome para você tirá-las de onde estão guardadas. "Você quer comer isso aqui? O papai vai pegar para você! Qual o nome disso? É U-?" e veja a mágica acontecer. Quanto mais engajadas com o comportamento, mais rápido as crianças aprendem a realizá-lo.

Outro exemplo de dica tátil que costumo usar é levar papel e tesoura (sem ponta!) para que a criança aprenda a picar papel. Acredite, elas adoram a bagunça! Ajude-a a colocar os dedinhos na tesoura e acompanhe ela cortando o papel. Depois que ela cortar, tire o objeto da vista dela e pergunte: "O que serve para cortar o papel?" e aguarde que ela diga: "TESOURA". Reforce entregando a tesoura de volta para continuar com a bagunça de picar papel, se é que ela gosta dessa brincadeira.

Seja criativo e trabalhe com as referências que você percebe que a criança gosta ou demonstra se interessar no dia a dia. Lembre-se que, para chegar ao ponto de responder o nome de alguma coisa quando perguntada, ela já repetiu a palavra e já completou a palavra depois que você removeu algumas sílabas. Se precisar ensinar nomeações novas, volte os passos. A introdução de repertório começa antes, com imitação e complementação de sílabas. Aqui, você está apenas removendo as dicas verbais, visuais e táteis de palavras que ela já conhece para estimular novas associações e produzir respostas verbais.

O que está acontecendo no cérebro dela enquanto isso? Nós estamos ensinando a criança a **fazer conexões novas, a desenvolver circuitos nas áreas que envolvem linguagem, atenção, memória, raciocínio lógico e socialização, usando dos nomes com as funções de um objeto**, ensinando-a a buscar informações sensoriais e cognitivas em toda a "caixinha de ferramentas mentais" que ela construiu até aqui. É um passo fundamental para que ela desenvolva uma comunicação funcional, para que ela se comunique com a intenção de ser entendida e satisfazer seus desejos. Quando ela nomeia algo sem fazer uso de dicas verbais e visuais, significa que ela compreende o significado daquela palavra a partir do seu som.

O quinto passo é um desafio! Faz parte de um processo maior de construção de repertório. Cada nova palavra é um tijolinho que precisa ser lapidado antes de ser colocado na parede dessa construção de significados.

Além disso, é um passo ao qual sempre vamos voltar. Digamos que seu filho ou paciente consiga expressar uma frase inteira para se comunicar, mas, ao mesmo tempo, demonstra uma dificuldade tremenda em um certo conjunto de palavras. Volte a treinar palavras com eles usando os mesmos princípios, primeiro com dicas visuais e verbais, depois reduzindo as dicas verbais, depois sem dicas verbais, depois sem dicas verbais e visuais, como uma brincadeira de "o que é, o que é". É um processo natural que vira até brincadeira, e que vamos induzir aqui neste passo.

Ajudando a criança a falar com nosso Modelo Singular | 63

Habilidade adquirida neste passo

Ao final desse passo, esperamos que a criança consiga falar palavras completas quando estimuladas apenas pelas dicas de características e funções, nomeando objetos, animais e pessoas.

O que fazer:

- Mostrar objetos de interesse para estimular a comunicação.

- Fazer perguntas sobre o objeto, desta vez, sem que a criança veja o objeto, focando em suas funções e característica.

O que tenho aqui atrás? É redondo... Usamos pra jogar...

BOLA!

- No começo, esconder o objeto, mas pode deixar a criança ter uma dica tátil ao tocá-lo, por exemplo, dentro da caixa.

- Aos poucos, tirar a caixa e continuar com as perguntas: "Qual é o bicho que é muito grande e tem uma tromba e orelhas enormes?", "O que é que usamos para tomar a sopa?", lembrando de apenas focar em objetos que a criança já aprendeu em passos anteriores a nomear.

O que tem na caixa? É fofinho... É um animal...

URSO!

✓ Crie situações que a criança precise de determinado objeto (por exemplo, que ela precise pedir uma colher para conseguir comer algo ou a tesoura para conseguir cortar alguma coisa) e espere que ela responda. Incentive-a a nomear com pistas como "Hum, será que está faltando algo aqui para conseguirmos comer (ou cortar)?"

Do que vamos precisar para cortar o papel?

TESOURA! ✓

✓ Voltar ao passo 2 e seguir a partir daí sempre que apresentar um novo objeto.

✓ Quando a criança falar a palavra sem dicas visuais, premiá-la imediatamente com reforço positivo (brincando, dando algum objeto, comida ou bebida que ela goste, comemorando com ela).

BOLA!

O que NÃO fazer:

✗ Demorar ou deixar de premiar quando a criança complementar a palavra.

✗ Premiar sem que ela tenha conseguido falar a palavra.

✗ Insistir muitas vezes com a mesma palavra ou o mesmo objeto (se a criança não tiver interesse, troque a palavra e o objeto ou tente de novo em outra hora).

BOLA!

Lista de checagem do quinto passo:

☐ A criança diz uma palavra correspondente ao "o que é" quando recebe dicas de funções e características daquele item?

☐ Quando a criança quer ou precisa de algum item que não está em seu campo de visão, ela responde a partir das dicar que você dá?

Passo 6: A criança começa frases a partir de estímulos

Quando a criança começa a nomear as coisas depois que perguntamos a ela como elas se chamam, é uma festa! Conseguir avançar com o passo anterior costuma ser um grande momento de alívio dos pais. Costumo observar que é nesse momento que eles ganham confiança, adquirem a sensação de que vão conseguir superar os atrasos de seus filhos e estabelecer com eles uma forma de comunicação funcional.

Se você conseguiu fazer seu pequeno chegar até aqui, parabéns! Já avançamos e muito no ensino do comportamento verbal para essa criança e a curva de aprendizagem dela daqui para frente é exponencial. A partir de agora, seu filho ou paciente tenderá a aprender mais e mais a cada nova curiosidade que se instalar ao seu redor.

Me lembro de um rapazinho com TEA que atendi ano passado. Vou chamá-lo de João Pedro. Ele demorou a aprender a nomear. Gostava de brincar, gostava de repetir, mas não respondia muito bem quando tirávamos as dicas verbais dos objetos, muito menos quando tirávamos as dicas visuais. Mas nós insistimos e persistimos.

João Pedro foi um caso que se adaptou e respondeu melhor aos estímulos **táteis**. Quando conseguimos, eu o deixava escolher o brinquedo e perguntava o nome em seguida. Lembro-me que seu tratamento coincidiu com a chegada de uma nova leva de brinquedos lá na clínica. E nunca vou esquecer quando ele, por iniciativa própria, foi atrás de uma das novidades, virou-se para mim e perguntou: "O que é isso?". Era um xilofone colorido. Começamos com a repetição. Avançamos para a fase de remoção das sílabas. Duas sessões depois, deixei o instrumento na gaveta e esperei ele procurar. Passou um tempo, João Pedro se virou e perguntou "*Xilofone?*". São momentos mágicos que guardo e relembro enquanto escrevo este livro.

A depender do nível de suporte que a criança exige, os atrasos na fala podem ser mais intensos e o passo anterior parecer um pouco assustador. Como expliquei nos capítulos passados, crianças com autismo têm uma dificuldade na sensibilidade social, na capacidade de entender a importância de se comunicar e ver no outro uma figura que pode responder suas demandas e desejos.

O cérebro tem dificuldade de justificar "por que devo reproduzir o som dessa coisa para essa pessoa?" porque, para ele, é difícil entender que ele pode precisar do outro para interagir. Assim, temos que trabalhar muito com os reforçadores, pois eles motivam o cérebro da criança a compreender os benefícios do comportamento. O cérebro deve chegar à conclusão de que: "Vou reproduzir o som dessa coisa para essa pessoa porque, se eu fizer isso, vai ser muito legal, vou ganhar uma coisa muito legal dela, vou descobrir coisas que ela vai me ensinar, vou ouvir histórias que ela tem pra contar...". É assim que trabalhamos.

Quando os passos anteriores estiverem bem construídos, vamos nos aproveitar do amplo repertório dessa criança para **estimulá-la a começar a compor frases**.

Não queremos que ela se limite a falar apenas palavras, nossa língua é complexa e exigirá que ela desempenhe um papel de falar várias palavras numa frase que faça sentido. Mas observe: aqui, com nossos filhos ou pacientes, não estamos preocupados em ensinar as regras gramaticais — isso é coisa para a escola! Queremos desenvolver a capacidade da criança de se comunicar. E, justamente por isso, nossa preocupação nesse passo deve ser para que ela consiga **compor frases com sentido e contexto.**

No final do passo anterior, estimulamos que as crianças nomeassem as coisas a partir de seus referenciais cognitivos, a partir de características e funções que ela aprendeu a relacionar com determinados nomes. Quando perguntávamos: "Como chama aquela coisa redonda que você usa para jogar lá na quadra com os seus amiguinhos?", ela respondia BOLA.

O próximo passo é que ela comece a reunir palavras que já conhece. Se a criança já sabe BOLA e já sabe AZUL, você pode mostrar uma bola azul. Se ela disser somente bola ou somente azul, você a estimula a falar a outra característica. Você pode mostrar duas imagens para ela; uma de uma bola e outra da cor azul, estimulando a criança a falar BOLA AZUL. Lembre-se de celebrar e parabenizá-la quando ela conseguir e dar um reforço positivo! Se não tiver a imagem da dimensão do estímulo que quer que a criança nomeie, dê apoio verbal, usando a hierarquia de dicas verbais de trás pra frente, ou seja, dizendo somente um pedacinho da palavra e espere que a criança complete o restante. Por exemplo:

Você mostra a bola azul e a criança diz: Bola.
Você diz: azzz...
A criança diz: Azul.
Você diz tudo: Bola Azul – e entrega a ela.

O que estamos ensinando nesse passo? A juntar as palavras que ela já conhece, dando a elas um significado mais específico. É importante que, sempre que possível, você construa o aprendizado dessas frases de maneira gradual, palavra por palavra, como se ela estivesse aprendendo uma palavrinha nova de um mesmo objeto a cada "etapa".

Faça isso com vários objetos com duas ou mais palavras. Por exemplo, quando a criança quiser comer a bolacha preferida, incentive que ela especifique: Bolacha, chocolate, redonda. Dê apoio visual e verbal para ela falar.

Outro exemplo, mais complexo. Imagine uma bola de tênis. É uma (1) BOLA, que é (2) AMARELA e (3) PELUDA que, se jogada com força para baixo, (4) PULA. Veja que aqui temos quatro palavras.

Guarde uma bola de tênis na bolsa ou na caixa.

Pergunte para a criança: "O que é redondo e você chuta?" e espere a palavra BOLA.

Mostre para ela o tom da bola de tênis e pergunte para a criança qual o nome daquela cor, esperando AMARELO como resposta. Estimule-a para que ela fale BOLA AMARELA.

Se ela conseguir, dê a bola de tênis para ela brincar. Ela vai entender que aquela é uma bola amarela, fazendo a conexão entre os dois significados que ela conhece.

Depois, mostre uma superfície peluda, como uma pelúcia, um tapete ou um casaco, e estimule a criança a aprender que aquela textura é PELUDA. Fale: "Sabe aquele brinquedo que brincamos outro dia?" e estimule até que consiga falar BOLA AMARELA PELUDA.

Se ela conseguir, dê a bola de tênis para ela brincar. Ela aprende mais uma palavra, mais um significado, e coloca outro "tijolinho" de significado na cabeça.

Depois, pegue um objeto, como uma pelúcia, e imite o movimento de pular sobre o chão. Pergunte "O ursinho está fazendo o quê?" e espere PULANDO como resposta. "E aquele brinquedo de ontem? Qual era o nome mesmo?". Quando BOLA AMARELA PELUDA for verbalizado, mostre a bola de tênis para a criança e mostre como ela também faz aquele movimento. Estimule-a a falar BOLA AMARELA PELUDA PULANDO.

Habilidade adquirida neste passo

Ao final desse passo, esperamos que a criança consiga unir palavras para responder perguntas e para expressar o que vê.

O que fazer:

- ✅ Prestar atenção na criança e entender o que está chamando atenção dela, identificando oportunidades para estimular a conversa
- ✅ Quando a criança unir palavras para expressar algo específico, premiá-la imediatamente com reforço positivo (atenção, brincando, dando algum objeto, comida ou bebida que ela goste, comemorando com ela).
- ✅ Provocar a emissão de frases mostrando imagens e fazendo perguntas.

O que NÃO fazer:

- ❌ Demorar para premiar a criança depois que ela falar uma frase.
- ❌ Começar com frases ou situações complexas demais.

Lista de checagem do sexto passo:

- ☐ A criança agrupa palavras que conhece para formar pequenas frases com significados?
- ☐ A criança está fazendo a relação entre o que vê e o que expressa por meio de agrupamentos de palavras?

Passo 7: A criança aprende a interpretar cenas e referências

Ensinar uma criança a falar não se trata apenas da articulação das palavras ou grupos de palavras. A criança aprende a falar para poder se relacionar com o mundo ao seu redor, com os outros e consigo mesma. Ela se comunica com um propósito. Há muito comportamento social na comunicação.

Agora que ela já tem ferramentas para reunir palavras, queremos que esses grupos de palavras tenham significado. Que a criança interprete cenas.

Vamos dar sentido às palavras que ela aprendeu a juntar. Pegue, por exemplo, as palavras MENINO e CHUTAR. Mostramos a foto, figura ou desenho de um menino jogando futebol, falamos O MENINO CHUTOU A BOLA e perguntamos para a criança o que é.

Se ao mostrar a foto e perguntar "O que é isso?", a criança só responderá MENINO ou BOLA ou CHUTE, incentive com os passos anteriores que ela fale todas as palavras envolvidas na descrição da imagem. Você percebe como, para chegarmos nas frases, estamos voltando para completar palavras e para a imitação? É muito legal imaginar que todos os passos são cíclicos! A criança começa a aprender a partir desse comportamento mais primitivo, depois avança e refina em comportamentos mais complexos. Por isso, com as frases é da mesma forma: vamos aprimorando a fala pelo uso de dicas verbais e visuais até que a criança, ao ver a foto do futebol, a descreva: O MENINO CHUTOU A BOLA.

O importante nessa etapa do treinamento é desenvolver a habilidade da criança de **descrever cenas e sentimentos, pois isso é muito importante para que ela amplie o repertório**. Lá na frente, vamos pedir que ela fale sobre si mesma, e o referencial para que ela consiga descrever como está se sentindo ou o que fez na escola precisa ser treinado antes.

Ela só conseguirá falar dela mesma quando já souber como descrever cenas e sentimentos dos outros.

E isso pode ser treinado com esse processo de mostrar fotos, desenhos e figuras e pedir que ela descreva. No fundo, queremos que a criança amplie o repertório de cenas e sentimentos para que, mais tarde, pense assim: "Opa, isso aqui que aconteceu comigo, isso que estou sentindo, isso eu vi naquela figurinha, sei como falar o nome dessa coisa!".

Escolha fotos, desenhos e figuras cujos personagens tenham uma idade parecida com a de seu filho ou paciente. **É importante que ele consiga se identificar com aquela cena ou aquele sentimento**, antes ou depois desse treinamento.

E como escolher as frases? Como escolher as fotos? Se você me acompanhou até aqui, já deve estar cansado de me ouvir repetir essa máxima, mas vou continuar: prestando atenção na sua criança! Que palavras ela consegue nomear e por quais demonstra interesse? Use os interesses restritos da criança para isso!

Ela gosta de bola, ou brinca na escola com os amiguinhos de jogar bola, e fala bem a palavra BOLA? Use esse meu exemplo de O MENINO CHUTOU A BOLA. Ela gosta de animais e sempre carrega um bichinho na mão? Procure a foto de uma criança fazendo carinho em animais e use a frase: A MENINA FAZ CARINHO NO CACHORRO.

Claro que a sugestão de fotos com crianças não é uma regra absoluta e, nesse exemplo da criança que gosta de animais, você pode usar a foto de um animal que ela goste para treinar, por exemplo, a foto de uma girafa, e dizer a frase a seguir: A GIRAFA COMEU CAPIM. Porém, percebe aqui como esse exemplo não será muito útil para, lá na frente, a criança descrever como foi seu dia, como está se sentindo? Ela não vai encontrar girafas no dia a dia. Mesmo assim, não deixa de ser um exemplo de como o repertório pode ser treinado e ampliado em uma criança que gosta de animais, usando os interesses que mais facilitam os estímulos nas crianças.

Nesta etapa, é importante também mostrar cenas que envolvam algum sentimento. Mostre a foto, figura ou desenho de uma menina triste porque caiu da bicicleta. Treine A MENINA CAIU DA BICICLETA e depois A MENINA SENTIU DOR ou A MENINA FICOU TRISTE.

Mais uma vez, isso é importante para que a criança consiga se expressar depois. Para entender o que significa dor, a criança precisa ter visto os efeitos visuais da dor antes. A ideia é de que, se ela consegue descrever um sentimento como dor ou tristeza a partir de um desenho, ela conseguirá contar para nós quando acontecer alguma coisa na escolinha que vai deixá-la triste ou sentindo qualquer tipo de dor. Por isso, sentimentos negativos são necessários de ser explorados no treinamento de frases. Novamente, use o exemplo de A MENINA CAIU DA BICICLETA se a criança souber falar bem as palavras MENINA e BICICLETA.

Caso ela não consiga, treine com ela as palavras primeiro. Caso ela não demonstre interesse em bicicletas, procure outras imagens, como a de uma criança que machucou o dedo na porta ou que foi mordida por um cachorro (apenas tome cuidado para não fazer com que a criança tenha medo de cachorros por conta da figurinha)! Aproveite revistas de consultórios, livros de colorir, cenas de algo acontecendo na rua...

Não é fácil a criança saltar da comunicação de palavras para comunicação de frases. Como você pode perceber, esse treinamento recupera algumas habilidades que desenvolvemos nos passos anteriores. Você precisará voltar algumas vezes no livro para recuperar essas habilidades e comportamentos caso perceba alguma dificuldade.

Lembre-se que não existem métricas muito claras para definir quando o treinamento está concluído. Pense sempre que aqui estamos ampliando o repertório da criança — dessa vez, o repertório de frases — e o limite é o número de frases que existem na língua portuguesa, ou seja, não há limites! Deixe-a se divertir e aprender coisas novas. Com o tempo e o treinamento adequado, elas conseguem!

Ajudando a criança a falar com nosso Modelo Singular | 73

Habilidade adquirida neste passo

Ao final desse passo, a criança conseguirá compreender cenas e expressar o que vê nessas cenas, com frases completas.

O que fazer:

✓ Mostrar uma foto, figura ou desenho com uma cena ou um sentimento para a criança, descrever em poucas palavras de forma calma, clara e amistosa e pedir para que diga o que é.

✓ Quando a criança conseguir dizer, completar ou repetir a descrição da cena ou sentimento, premiá-la imediatamente com reforço positivo (com atenção, brincando, dando algum objeto, comida ou bebida que ela goste, comemorando com ela).

> A MENINA CHUTOU A BOLA. O que é isso?
> CHU...
> BO...
> MENINA!
> -TOU!
> -LA!

✓ Mostrar uma foto, figura ou desenho com uma cena ou um sentimento para a criança e, sem dicas verbais, incentivar que ela descreva o que está vendo.

✓ Quando a criança conseguir descrever a cena ou sentimento, premiá-la imediatamente com reforço positivo (brincando, dando algum objeto, comida ou bebida que ela goste, comemorando com ela).

> A MENINA CHUTOU A BOLA!
> O que é isso?
> Isso mesmo!
> 3s

Habilidade adquirida neste passo

O que NÃO fazer:

✗ Deixar a criança sem reforçador após conseguir se expressar. Mesmo tornando-se um evento comum, ela precisa desse retorno para continuar sendo estimulada a falar

✗ Focar apenas em cenas e estruturas estáticas. Varie a quantidade de elementos numa cena e a ordem em que aconteceram.

Lista de checagem do sétimo passo:

☐ A criança consegue interpretar as imagens e cenas que vê?

☐ A criança consegue usar as palavras em seu repertório para descrever o que vê?

☐ A criança consegue responder perguntas sobre a imagem ou cena?

☐ A criança identifica e nomeia sentimentos de imagens.

Passo 8: A criança relata eventos passados

No passo anterior, a criança estava realizando um feito incrível e complexo: o de interpretar o que estava vendo em determinado apoio visual (uma foto, imagem, cena de filme, evento da vida real). Ela usou todas as ferramentas que foi adquirindo durante o longo processo de aprendizagem anterior, passo a passo, para conseguir unir palavras com significados específicos e verbalizar o que via, a partir de uma interpretação dessas imagens.

Agora, a imagem será mental, um acontecimento que a criança buscará na memória. É isso que aqui neste passo eu chamo de "eventos passados", ou seja, algo real que aconteceu à criança e está na memória dela.

Assim como aconteceu com o treinamento de nomes em passos passados, a etapa mais avançada do treinamento de frases é quando tiramos as dicas visuais da criança. Tiramos as fotos, figuras ou desenhos e passamos a perguntar sobre determinados coisas sem que ela tenha nenhuma dica, pois está "invisível, dentro da cabeça dela".

E fazemos isso pedindo para que a criança descreva relatos passados. "Como foi seu dia?", "O que você fez na escola?", "O que você comeu?", "O que você assistiu na televisão?", "Quem você viu hoje?", "Com o que ou com quem você brincou ontem?", "O que você fez de bom na casa da vovó?" e a lista continua. Percebe que ela precisa ter adquirido as habilidades dos passos anteriores pra responder aqui? Geralmente começamos uma tentativa de diálogo com a criança com perguntas desse tipo. Porém, sem o treinamento anterior, será difícil dela responder. Há uma lógica na aprendizagem dessa sequência.

Tenha em mente que você não vai questionar a criança como se ela estivesse numa entrevista! Deixe-a brincar, se aproxime, participe da brincadeira, chame a atenção dela e faça as perguntas. Comece perguntando por coisas que acabaram de acontecer, recentemente. Por exemplo, brincando de pula pirata, o pirata pulou. Pergunte: O que aconteceu? Se ela não responder, use as dicas anteriores para que ela diga "o pirata pulou". Use gestos com dicas visuais e dicas verbais para incentivar que ela diga. Conforme ela for adquirindo essa habilidade, espaçar mais tempo entre o acontecimento e a pergunta até chegar ao ponto de perguntar coisas que aconteceram horas antes.

Nosso melhor cenário é que ela continue brincando e descrevendo seus relatos, pois assim conseguimos estimular o comportamento ao mesmo tempo em que estamos reforçando sua continuação. Lembre-se de que, quanto mais a criança se sentir satisfeita e feliz na emissão de um comportamento, mais facilmente ele fica gravado no cérebro.

Por sinal, o que está acontecendo no cérebro dela enquanto isso? Ela está fazendo milhares de sinapses entre palavras, nomes, sons, significados, cenas, sentimentos e contextos! É um verdadeiro caldeirão fervendo. Perceba que, nessa etapa, há apenas um convite verbal, feito por uma pergunta que ela escuta, absorve, interpreta, reflete, pensa e responde. É um baita processo!

Se a criança tiver dificuldade de falar espontaneamente, pode ser importante usar materiais de apoio para estimulá-la a falar de determinados eventos. Por exemplo, se ela foi num circo, pode ser interessante tirar fotos — ou do espetáculo (se permitido), ou dela no circo — ou mesmo levar para casa os folhetos impressos e distribuídos no lugar. Assim, você terá um material para continuar perguntando "Mas e isso aqui?", "O que você viu nessa hora?", "O que tinha aqui dentro?" etc. Dependendo da escola, você pode pedir que os professores tirem fotos do que as crianças brincaram para que você possa, mais tarde, usá-las para perguntar à criança. "Você brincou de amassar alguma coisa?" e espere MASSINHA, depois pergunte o que ela fez com a massinha. Até mesmo o lixo pode ser útil como material de apoio! Se a criança chupou um picolé, guarde o palito ou a embalagem para perguntar, mais tarde, o que ela fez, de que sabor era o picolé etc.

Por isso, tenha paciência com ela no início. Preocupe-se mais em incentivá-la — mostrando-se interessado no que ela está dizendo, fazendo mais perguntas a partir do que ela acabou de dizer — do que interrompê-la para corrigir pronúncias ou palavras erradas. Sugiro deixar isso para a fonoaudióloga fazer, no momento certo. Quando ela estiver contando relatos passados, entre na história, aprecie-a e participe ativamente da conversa. Escute a criança. Interaja. Responda. Incentive. O cérebro dela aprenderá várias outras habilidades sociais na medida em que você se engajar nos diálogos.

Perceba que contar algo a outra pessoa envolve muito comportamento social, pois a criança já sabe o que ocorreu, ela conta para satisfazer a outra pessoa.

A criança precisa, dentro da cabeça dela, inferir e decodificar o que houve. Ou seja, se eu pergunto: "O que você comeu no café da manhã?" ela vai puxar essa imagem na memória dela e traduzir essa imagem em palavras que já conhece, como, por exemplo, "eu comi ovo e bebi leite".

Vamos reforçar que, geralmente, a criança não fica estagnada em apenas um desses passos. Não funciona assim. Na maior parte das vezes ela se encontra em três ou quatro passos ao mesmo tempo.

Em determinado dia ela consegue nomear um objeto sem dica visual, mas apenas um objeto. Para nomear os outros, ainda precisa de dicas visuais. Em algumas ocasiões ela conseguirá falar BOLA AZUL, mas ainda estará no passo 2 para conseguir dizer algumas palavras. Isso é o normal. É assim que funciona.

Lembre-se que apesar de haver uma evolução de um passo para o outro, esse caminho é cíclico. Ele vai e volta diversas vezes. Não encare uma situação pensando: "Nossa, meu filho deu um passo para trás". Como explicamos lá no comecinho deste capítulo, vocês estão de mãos dadas atravessando uma ponte, mas não é um caminho linear.

Este é, enfim, o último passo na nossa metodologia. Quando a criança descreve relatos passados, consideramos que ela cumpriu os requisitos para conseguir fazer uma comunicação verbal funcional e está fazendo diálogos!

Espero muito que seu filho ou paciente avance até esse momento tão especial! E fique comigo mais um pouquinho. No quarto capítulo, vamos discutir o que fazer quando a criança não reagir a esse tratamento de recuperação de atrasos.

E, no quinto capítulo, vamos discutir como aproveitar esse repertório ampliado pela fala para continuar desenvolvendo a criança.

Habilidade adquirida neste passo

Ao final desse passo, esperamos que a criança consiga descrever cenas e sentimentos de si mesma e do próprio passado.

O que fazer:

- Perguntar para a criança sobre cenas ou sentimentos do cotidiano dela, incentivando que ela conte, que ela faça relatos de eventos passados.

- Quando a criança relatar sobre cenas do próprio passado e sentimentos de si mesma, premiá-la imediatamente com reforço positivo (dando atenção, brincando, dando algum objeto, comida ou bebida que ela goste, comemorando com ela).

O que NÃO fazer:

- Demorar ou deixar de premiar quando a criança descrever uma cena do próprio passado ou um sentimento de si mesma.

- Insistir muitas vezes com a mesma pergunta ou mesmo objeto (se a criança não tiver interesse, troque a palavra e o objeto ou tente de novo em outra hora).

Lista de checagem do oitavo passo:

- A criança consegue descrever cenas do próprio passado e sentimentos de si mesma?

4

A criança não falou: e agora?

Se você está neste capítulo, é porque está tendo dificuldades. Saiba, primeiramente, que obstáculos são normais e que você não precisa se desesperar quando eles surgirem. Até hoje, não atendi nenhum "caso perfeito": não existe criança que chega em nossa clínica com atrasos na fala, avança por todos os passos do Modelo Singular de Ensino de Comportamento Verbal que vimos no Capítulo 3 sem dificuldades e, após alguns meses, passa a falar.

Esse processo de aprendizado de comportamentos é complexo, crianças são complexas, e você deve saber disso para não se frustrar esperando resultados rápidos e perfeitos. Cada criança é um caso, e com cada uma delas temos que insistir de maneiras diferentes até conseguirmos chegar lá!

Neste capítulo, vamos abordar algumas situações comuns desse tratamento:

- "Meu filho ou paciente não imita sons, não imita nada! Ele solta alguns sons (como ensina o Passo 1), mas, quando chega a hora de ir para o Passo 2, em que ele precisa repetir o som da palavra quando eu falo, ele me ignora ou faz um som completamente diferente".
- "Meu filho ou paciente não está prestando atenção em mim! Quando eu falo ou faço alguma coisa, fica olhando para outros lugares, continua brincando, não quer saber de mim ou do que tenho para dizer".

- "Meu filho ou paciente não me obedece! Ele olha para mim, parece entender o que eu quero, e simplesmente me ignora e continua a fazer o que estava fazendo sem interagir comigo".
- "Meu filho ou paciente faz birra! Quando chamo sua atenção ou peço para ele fazer alguma coisa comigo, quando pego em um brinquedo que ele está interessado para ensiná-lo alguma coisa, ele começa a chorar, espernear e gritar, bate em alguma coisa, bate em mim etc.".

Você pode avançar as páginas até cada tópico caso queira entender logo como reagir nessas situações específicas.

Por fim, também abordaremos outra questão relevante: o que fazer quando tudo que ensinamos aqui, tudo que você tentou e tentou e tentou, parece não funcionar? Existe alternativa para quadros de crianças com atrasos que não apresentam avanços? Convidei a fonoaudióloga **Ana Lucia Kozonara** para falar dos caminhos possíveis da **comunicação alternativa, aumentativa e suplementar**.

Como falei no Capítulo 2, quando os pais, desesperados com os atrasos na fala, me perguntam na clínica: "Mas ele vai falar?", eu sempre respondo que vamos insistir e insistir até que a criança se comunique, de uma maneira ou de outra.

Quando vamos atrás de caminhos alternativos para a comunicação, o que queremos é ensinar para a criança outros meios para se comunicar naqueles casos em que falar parece ser muito difícil para ela. Vamos oferecer uma alternativa para a criança ter um canal de comunicação aberto conosco quando precisar expressar seus incômodos, necessidades ou desejos. Sempre devemos colocar o bem-estar dela em primeiro lugar, por isso é importante oferecer ferramentas alternativas para ela usar enquanto continuamos tentando também os passos descritos nesse livro.

Nesse momento a parceria entre os profissionais da equipe é fundamental. O ensino de comunicação alternativa aumentativa é da equipe de fonoaudiologia, os profissionais mais qualificados para oferecer as abordagens terapêuticas adaptadas às necessidades da criança.

Em todo caso, se você está neste capítulo porque teve alguma dificuldade específica ou porque acha que seu filho não evoluirá mais no tratamento, preciso dizer para você: **não perca as esperanças!** Continue insistindo, continue tentando. Seu filho encontrará uma maneira de se comunicar, de conseguir se conectar ao mundo, e isso será importante para que ele desenvolva outras habilidades. A intervenção precoce é necessária porque temos essa janela de oportunidade na infância para ensiná-lo a se comunicar, por isso eu preciso que você esteja focado em aproveitá-la. Mas, mesmo que ele tenha dificuldade, mesmo que ele fique meses e até anos nos Passos 1 e 2 do nosso método, existem outros caminhos possíveis para que ele, ainda assim, consiga se expressar.

Isso me lembra de uma história!

Uma vez atendi um menino que, neste livro, vou chamar de Heitor. A família foi até meu consultório com suspeita de autismo, visto que ele não falava. No entanto, na medida em que conversamos percebi, pela história, que ele não tinha nenhum atraso ou dificuldade na socialização. Heitor brincava com outras crianças, imitava o que as outras crianças estavam fazendo, sabia esperar a vez para brincar. Seu entrave era apenas na fala. Enquanto eu conversava com os pais, dentro do consultório, ele estava do lado de fora, entretido na brinquedoteca que temos para as crianças.

De repente, Heitor parou de brincar, se levantou, abriu a porta, esperou o pai olhar para ele e, sem fazer nenhum som, sorriu, arregalou os olhos, apontou para o lado de fora, fez um círculo com o dedo e começou a pular. O que ele estava querendo dizer? Estava mostrando que lá fora tinha um pula-pula que ele queria brincar. Ele fez com a mãozinha o gesto de "vem!" e o pai se levantou e o acompanhou até o brinquedo. Heitor não estava no espectro autista. Sua dificuldade era com a fala e, após um tempo de tratamento, conseguimos estimulá-la até que ele conseguisse se expressar verbalmente.

Mas o que eu quero sublinhar nessa história? Que, mesmo em uma criança que não desenvolveu o comportamento verbal, é possível estabelecer um canal de comunicação entre filhos e pais. O gesto dele fazendo "vem!" me chamou muito atenção, porque talvez nem todas as crianças e pais pudessem entendê-lo, pudessem reproduzir igual. Mas, entre Heitor e seu pai, a compreensão foi quase que imediata.

E esses gestos espontâneos, por mais simples que possam parecer, devem ser sempre valorizados. Desde o dedinho da criança que aponta para alguma coisa até a mãozinha que abana, temos que interpretar e valorizar esses gestos como uma maneira da criança querer se comunicar. Quando essas situações ocorrem, nos aproximamos dela, repetimos o gesto que ela fez, transformamos o gesto em um pedido e executamos aquela ação, valorizando o que a criança acabou de nos pedir.

Então, mesmo que seu filho ou paciente seja uma criança com comportamento difícil, mesmo que ele apresente dificuldades nos passos que descrevemos no capítulo anterior, valorize o que ele tem para oferecer e use em seu favor para continuar tentando e persistindo nos passos do Modelo Singular de Ensino de Comportamento Verbal.

Na segunda vez que Heitor foi ao meu consultório, a primeira coisa que fiz com ele foi me sentar no chão antes dele e reproduzir o gesto de "vem!". Ele compreendeu o que eu queria imediatamente.

Vamos debater as dificuldades mais comuns do nosso método?

A criança não consegue imitar palavras e sons

Se você não conseguiu passar do Passo 2 para o Passo 3, é porque seu filho ou paciente não conseguiu imitar as palavras, nem se aproximar de um som parecido daquilo que você tentou com ele. Para você conseguir superar essa barreira, precisará entender, primeiro, o motivo que as crianças imitam.

Em geral, as crianças tentam imitar o que os pais fazem e falam, da melhor forma que conseguem, porque veem naqueles adultos um modelo a ser seguido e reproduzido. Isso é um processo que costuma ser natural. Elas imitam gestos, caretas e, por fim, os sons. Você provavelmente já viu um bebê de alguns meses falar "má!" ou "mamá!" depois da mãe falar "mamãe" várias vezes perto dela. A criança pratica o que nós chamamos de **imitação generalizada**, que pode ser motora ou verbal. É motora quando tenta imitar gestos — como palminhas, sinais e caretas — e **verbal** quando tenta imitar sons.

Isso acontece por uma coisinha primitiva dentro do nosso cérebro que é chamada de **neurônios-espelhos**, uma das descobertas científicas mais relevantes dos últimos anos, que está diretamente ligada com nossos antepassados primatas. Esses estudos começaram observando macacos e identificaram que os neurônios-espelhos estão ligados à observação e imitação das expressões faciais e dos movimentos como uma forma de comunicação primitiva entre seres de uma mesma espécie. Isso gera uma base de reciprocidade social entre os agentes: "se este ser que estou vendo na minha frente é parecido comigo, então devo fazer o mesmo que ele para conviver e ser aceito por ele". É automaticamente reforçador!

Inclusive, estudos mais recentes apontam que no autismo pode haver justamente uma disfuncionalidade desses neurônios-espelhos. E essa conclusão, apesar de ainda não ser consenso entre os cientistas, é um conhecimento a mais para usarmos a nosso favor! Se a imitação é uma das funções neuronais prejudicadas pelo autismo, então vamos mirar nela e estimular nos nossos pequenos desde cedo!

No Passo 2, buscamos instalar o comportamento de imitação verbal nas crianças. Queremos que elas imitem sons. O que fazemos quando elas não conseguem fazer isso? Nós damos um passo para trás e treinamos esse "comportamento-espelho". **Buscamos instalar, então, a imitação motora. Ou seja, tentamos fazer com que as crianças imitem gestos.**

Começamos com o mais simples, com palminhas ou sinais com a mão que pedimos que ela imite. **A imitação verbal é mais complexa que a imitação motora. Se a criança não conseguir fazer imitação motora, provavelmente não conseguirá fazer imitação verbal.** Por isso, se você não conseguir fazer com que ela imite sons, comece com os gestos.

Aproxime-se devagar. Depois que a criança estiver prestando atenção no que você está fazendo, bata palmas ou faça um gesto com a mão e peça que ela faça o mesmo. Se ela estiver com um brinquedo, você pode mostrar para ela um novo jeito de mover ou usar o brinquedo e pedir que ela imite.

Por que a imitação motora é mais fácil? Porque podemos ajudar fisicamente a criança a reproduzi-la. Não podemos mover suas cordas vocais para que ela fale, mas podemos, por exemplo, colocar as mãos sobre as mãozinhas dela e incentivar que bata palmas. Depois de ensiná-la, voltamos a repetir o movimento e pedimos: "João, faça igual à mamãe aqui!", esperando que ele responda.

Quando a criança conseguir dar respostas de imitação motora, volte ao Passo 2 e tente introduzir a imitação verbal.

A criança não presta atenção

Se você está aqui, é porque seu filho ou paciente não está prestando atenção no que você está pedindo para ele fazer ou falar, independente do passo em que esteja.

Você sabia que muitos pais de crianças com autismo acreditam, no início, quando os pequenos completam mais ou menos 1 ano de idade, que seus filhos possuem alguma deficiência auditiva? Os bebês parecem não responder ao estímulo sonoro do seu nome, parecem não prestar atenção em quase nada que se diz ou se brinca com eles.

Essa suspeita geralmente muda quando a criança começa a gostar do som da televisão ou do celular, por exemplo, ou quando vem correndo depois de escutar um barulho que a interessa. Os pais percebem, então, que o problema está na interação social daquela criança, numa dificuldade de associar aquele som do nome com seu significado.

As crianças autistas não são incapazes de atender quando são chamadas, mas costumam atender com menos frequência. Isso acontece porque crianças com TEA têm dificuldade no que chamamos de atenção dividida, que é a capacidade de prestar atenção em dois estímulos diferentes ao mesmo tempo. Além disso, elas colocam sua atenção em um interesse restrito, geralmente um hiperfoco concentrado em alguma coisa que as interessa, e não entendem a necessidade social de interagir com outras pessoas. Assim, quebrar esse foco, dividir a sua atenção, chamando-a pelo nome, convidando-a para fazer outra coisa, é, sim, uma tarefa difícil.

Para que a criança consiga realizar qualquer comportamento que estamos propondo, **precisamos que ela preste atenção em nós, olhe para nós.**

O melhor método é fazer com que a criança tenha interesse em interagir conosco, que ela fique curiosa, que goste de olhar para nós e prestar atenção no que temos para falar e fazer. Como fazer isso?

Primeiro, nos aproximando de maneira cuidadosa. Não podemos parecer invasivos e ameaçadores aos olhos da criança. Nossa tendência natural de reação quando a criança parece não escutar ou responder é falar mais alto, chegar mais perto, soar mais incisivo, e isso pode fazer com que elas tenham ainda mais aversão ao contato social. Então, **nos aproximamos da criança numa distância segura e mostramos a ela que queremos participar daquilo que ela está fazendo.** Podemos conversar com ela, fazendo comentários calmos e serenos, sobre aquele interesse que ela está entretida, aquela brincadeira que ela está engajada. Podemos imitar o que ela está fazendo, podemos brincar com ela da maneira que ela estava brincando. Nós queremos ser legais com ela!

Segundo, atraindo a atenção da criança para nosso olhar. Depois que nos aproximamos de maneira segura, queremos que a criança passe a prestar atenção em nós. Podemos, por exemplo, pegar o brinquedo em que ela está mostrando interesse, ou outro que esteja por perto, **aproximá-lo do nosso olhar, mais ou menos na altura da orelha, e chamá-la pelo nome.** A criança desvia a atenção para ver aquilo que a interessa, mas acaba encontrando nosso olhar no caminho, dessa vez associado com o som do seu próprio nome. Ela passa a **entender a função do chamado.** Outro exemplo é quando a criança gosta de desenhos. Podemos pegar um lápis de cor ou canetinha e, antes de desenhar, levantá-lo até a altura do olho e chamá-la pelo nome.

Se ela, ainda assim, continuar entretida e hiperfocada em um brinquedo ou outra coisa, é porque ela não está conseguindo dividir a atenção. Tente cobrir o campo de visão daquilo que a está distraindo. Se você levantou uma bola até a altura dos olhos, mas a criança continua mexendo num cubo, cubra-o momentaneamente com suas mãos e chame seu nome de novo. Quando ela olhar em seus olhos, remova o obstáculo e abra seu campo de visão para o cubo novamente. O importante é que ela tenha interesse nas duas coisas — na bola e no cubo — para desviar o olhar e a atenção.

Uma dica importante, útil para lidar com crianças com TEA que exigem um nível de suporte maior, é evitar chamar o nome da criança várias vezes e em vários momentos. Por quê? Porque ela pode associar que todo aquele barulho pode ser ignorado, pois é constante e não parece ter qualquer importância. **Nossa estratégia é falar menos vezes o nome da criança e garantir que, nessas poucas vezes, ela olhe para nós.**

Por isso, concentre-se em se aproximar de maneira segura, levar algum objeto até a altura dos seus olhos, e fazer com que ela olhe para seus olhos quando você a chamar. Em resposta, dê o brinquedo ou o lápis de cor para ela, brinque com ela, desenhe com ela, dê um reforço positivo: faça ela associar a retribuição do olhar e a divisão de sua atenção com uma consequência positiva. Tente evitar chamá-la apenas por chamar, pois se fizer isso o tempo todo, essa chamada perde o efeito. **Ensine-a que, quando você a chama, ela deve olhar.**

Muitas mães e colegas terapeutas usam a técnica de chamar a atenção segurando no queixinho da criança movimentando a cabeça dela para que esteja de frente para a nossa, induzindo, assim, uma resposta de olhar. Não quero dizer que a técnica de conduzir o queixo é ruim, mas volto a insistir para a necessidade de relacionarmos comportamentos com o reforço positivo e a interação social da criança em cada contexto.

É comum que as crianças desviem o olhar depois de encararem nossos olhos pela primeira vez a partir dessa técnica. Eu acredito que os reforçadores intrínsecos a uma atividade legal e prazerosa são mais eficientes e devem ser sempre priorizados, até mesmo porque segurar o queixo não é uma interação social que a criança ficará satisfeita de ver reproduzida no futuro. Não é natural, não é espontânea e, por isso, eu indicaria os outros caminhos primeiro.

O importante, sempre digo, é sermos parceiros de jogo da criança. Ela precisa confiar em nós, gostar da nossa companhia, gostar de quando chega o momento de interagirmos com ela e, principalmente, gostar de quando desviamos a atenção dela para nós.

A criança não me obedece

Se você está aqui, é porque seu filho ou paciente não está obedecendo seus pedidos, independente do passo em que esteja. Observe que não estamos falando de uma reação negativa ao que você está pedindo (se a criança fizer birra, vá até o próximo tópico). Estamos falando da ausência de uma reação positiva. A criança sabe que estamos falando com ela, mas não responde. É como se ela não ouvisse. Fica indiferente, ignorando o que falamos ou mostramos e volta sua atenção para o que estava fazendo.

Não queremos que a criança emita sons aleatórios ou faça coisas aleatórias. Para o tratamento funcionar, precisamos que ela esteja conosco, participando do que estamos propondo a fazer, seguindo os passos da metodologia. Ela precisa saber ouvir e, portanto, saber realizar comandos. Por isso, uma parte importante do nosso tratamento é **o treinamento para seguimento de comandos.**

Para obedecer, a criança precisa acessar várias habilidades: ela precisa desenvolver discriminação **auditiva** ("o que estou escutando?"), **comunicação receptiva** ("opa, estão falando comigo!") **compreensão e interpretação de comandos** ("ah, é para eu fazer isso desse jeito") e **comportamento reativo** ("bom, se eu fizer isso, vou sair ganhando").

E você sabe o que todas essas coisas têm em comum? São inter-relacionais; ou seja, **dependem de uma relação com o outro para elas acontecerem.** Muitas vezes, esse tipo de reação acontece naturalmente, pois elas enxergam nos adultos um modelo a ser seguido e, portanto, obedecido. No entanto, quando essa reação não é espontânea, especialmente em crianças no espectro autista, que têm dificuldade de valorizar a necessidade do outro, ensiná-las a aprender a ouvir e a nos obedecer pode exigir nossa atenção. Treinar essas habilidades nos nossos pequenos é essencial para recuperarmos seus atrasos. Afinal, para poder falar, a criança precisa ouvir.

Lembra o que a ABA com Estratégias Naturalistas nos ensina? Que a maneira mais fácil de ensinar uma criança é brincando! E, acredite ou não, mesmo quando estamos ensinando a criança a nos obedecer, a opção naturalista, mais voltada para brincadeiras, é a melhor opção.

Imagine uma cena em que a criança está brincando com um cachorrinho de pelúcia. Ela está brincando de fazê-lo pular para cima e para baixo. Crianças com autismo gostam de movimentos repetitivos, então, na verdade, essa cena é muito comum. Como vamos agir? Primeiro, nos aproximando de maneira devagar, mantendo uma distância segura, e pegamos outro brinquedo que está perto da criança — por exemplo, um gato de pelúcia.

Entramos na brincadeira da criança e começamos a brincar de fazê-lo pular para cima e para baixo. Depois de um tempo, nos aproximamos, apontamos para o cachorro e falamos com voz calma e amistosa: "Maria, levanta a orelha do cachorro". Podemos até mostrar como se fazer: ou com nosso brinquedo, ou com o brinquedo dela. E continuamos brincando. A criança parou de fazê-lo pular e levantou a orelha? Se sim, ótimo. Continuem brincando do que a criança quer.

Se não o fez, repetimos mais uma vez adicionando dica gestual, ou seja, apontando para o que queremos que a criança faça: "Maria, levanta a orelha do cachorro" (e apontamos para a orelha)! Veja que, mesmo que a criança não siga o comando, é importante que ela escute bem o que estamos falando, é importante que ela faça a **discriminação auditiva**.

Se a criança continuou com a brincadeira de fazer o cachorro pular, vamos repetir nosso comando por uma terceira vez, mas agora com uma diferença. Vamos repetir: "Maria, levanta a orelha do cachorro!" e levar a nossa mão até a mãozinha da criança para induzi-la a levantar a orelha do cachorro. O que queremos com isso é mostrar para ela que, toda vez que ela ouvir o comando, a reação ideal que queremos que ela faça é realizar a ação.

E o que devemos fazer quando a criança obedece ou consegue fazer o comando com nossa ajuda? Se você respondeu mentalmente com "reforçar o comportamento", parabéns, você está entendendo a dinâmica das técnicas de terapia comportamental. Logo depois que a criança levantar a orelha do cachorro, voltamos para a brincadeira que ela estava fazendo inicialmente. E brincamos de fazer o cachorro pular!

Perceba que não estamos usando um comando aversivo. Não estamos falando: "Pare de fazer o cachorro pular!". É muito mais útil, fácil e efetivo ensinar uma criança a seguir comandos positivos, interessantes para ela, principalmente se eles puderem ser treinados em um contexto de brincadeiras. Se a criança aprende a nos ouvir e nos obedecer brincando, mais facilmente ela vai nos ouvir e nos obedecer em outros momentos, como no banho ou na hora da comida. Então, comece esse passo brincando! Aproveite outros momentos de interação com a criança em casa para fazer comandos e dar ajuda gestual ou física para ela realizar, caso ignore.

A criança gosta de um brinquedo muito específico? Ensine-a como brincar de um jeito diferente usando um comando. Por exemplo, se ela gosta de brincar de fazer as pelúcias pularem, ensine-a a fazer carinho com o comando: "Lúcia, faz carinho no ursinho!". Se você não consegue pensar numa maneira diferente de usar o brinquedo, comece com comandos simples, como: "Pedro, coloque a mão na cabeça!". Essa ação de colocar a mão na cabeça é simples, pedindo para que a criança pare o que estiver fazendo. Ela também facilita para que você também leve a mão da criança para induzi-la a **relacionar o comando de voz com a reação.**

Sempre deixe as crianças voltarem a brincar quando conseguirem. A criança não gosta de nenhum brinquedo? Tente se aproximar dela com o que ela se interessa. Ela pode gostar de amassar papel ou desenhar. Aproxime-se e chame atenção dela amassando algum embrulho e use um comando simples, tipo: "João, coloque a bolinha de papel dentro da caixa!" e por aí adiante.

Quando ensinamos a escutar, também ampliamos o repertório de sons dela. É um processo que chamamos de **discriminação**

auditiva sucessiva simples: a criança passa a escutar, reconhecer e diferenciar sons para guardar seus significados na memória. Assim, se ela precisar se referir, alcançar ou usar aqueles objetos, ela terá o som deles armazenado na cabecinha para tentar reproduzi-los.

Além disso, ensinar comandos também amplia o repertório de funções dos objetos. A criança aprende novas maneiras de brincar com os brinquedos, novas funções motoras — como, por exemplo, colocar a mão na cabeça ou colocar uma coisa dentro de uma caixa.

A criança faz birra

Se você está aqui, é porque seu filho ou paciente não está colaborando com a nossa intervenção e está fazendo birra. Essa birra pode ser expressa por meio do choro, do grito, da violência física para com outra pessoa ou para com os objetos ao redor da criança. Para entendermos como lidar com esses comportamentos, que chamamos de comportamentos inadequados ou disruptivos, precisamos primeiro entender a diferença entre birra e crise.

Uma birra é quando a criança quer alguma coisa e usa comportamentos inadequados para conseguir o que quer. Em algum momento da vida, consciente ou não, ela aprendeu que se ela chorar, gritar, se jogar no chão, quebrar alguma coisa, alguém vai aparecer para dar atenção a ela, dando-lhe o que ela quer. Vamos usar um exemplo simples. A criança comeu um chocolate e gostou. Ela apontou para a prateleira com mais chocolates, mas não ganhou mais nenhum. Então ela começou a chorar por estar insatisfeita com aquela situação, alguém percebeu ela olhando para os chocolates e lhe deu mais um. Nesse momento, ela pensou: "Opa, chorar foi bom para mim, vou continuar fazendo isso porque eles só entenderam o que eu queria quando chorei".

Para lidar com birras, é essencial não reforçar o comportamento. Se a birra é uma forma de conseguir algo, precisamos mostrar que esse comportamento não vai resultar no que a criança deseja. Isso pode ser difícil no início, pois a birra pode intensificar antes de diminuir. No entanto, ao ser firme e consistente, a criança aprende que essa forma de comportamento não é eficaz e não a ajuda a conseguir o que quer.

Em situações de birra, é importante oferecer alternativas positivas. Por exemplo, se a criança está fazendo birra para não fazer algo que você pediu, ofereça escolhas dentro do que precisa ser feito: "Você prefere começar colorindo ou encaixando as peças?". Isso dá à criança um senso de controle dentro de limites que são aceitáveis.

Já uma crise é quando a criança tem uma alteração sensorial. O cérebro de crianças com autismo, como vimos no Capítulo 1, possui certa dificuldade de organizar estímulos e emoções. Em TEA, a captação de diversas informações sensoriais (como, por exemplo, audição, olfato, visão etc.) é prejudicada por um conjunto de genes que atrapalham a formação de circuitos neuronais responsáveis por processar as informações de maneira organizada. As crises sensoriais vêm porque esses estímulos entram numa frequência que o cérebro não consegue organizar, gerando alterações ruins no comportamento.

O que pode acontecer? Esses estímulos que vêm, por exemplo, por meio da audição e da visão, podem chegar no cérebro dela em uma sobrecarga repentina de **hipersensibilidade**, em que a criança sente tudo muito intenso de uma vez e "estoura" para se afastar daquilo, ou **hiposensibilidade**, em que ela se sente tão necessitada de receber algum estímulo que faz qualquer coisa para recebê-lo, até mesmo comportamentos perigosos.

Numa crise de hipersensibilidade, a criança pode começar a chorar ou gritar porque a luz está muito forte, porque um som repentino acabou assustando-a, porque alguma coisa encostou nela e incomodou muito. Não é por outra razão que crianças autistas têm que ser afastadas ou pelo menos vigiadas em situações de barulhos altos (como fogos de artifício), iluminações fortes (como em festas) ou texturas diferentes (como a areia do parquinho). Dependendo do nível do suporte que exigem, podem reagir mal com coisas até mais simples, como alimentos com texturas diferentes, roupas de um tecido que causa desconforto, barulhos de um móvel sendo arrastado etc. Em geral, a reação a esse tipo de crise é a fuga e a irritação imediata em relação ao estímulo: choro, grito, congelamento, agressividade para com a fonte daquele estímulo, cobertura dos ouvidos.

Numa crise de hiposensibilidade, em que o cérebro da criança precisa de estímulo imediato, ela pode fazer comportamentos repetitivos intensos: pode começar a bater em alguma coisa ou se machucar para sentir o tato, pode começar a cheirar alguma coisa de maneira inadequada para sentir o olfato, pode arregalar os olhos muito próximo de uma luz para sentir a visão, pode colocar alguma coisa na boca para sentir o paladar, pode fazer barulhos estridentes (como o grito ou o choro) para sentir a audição. São exemplos considerando os cinco sentidos mais comuns, sem desconsiderar a existência de outros que são melhor explicados por terapeutas ocupacionais.

Para lidar com situações de hipersensibilidade e hiposensibilidade, é importante, primeiro, **reconhecer a necessidade de acompanhamento profissional para essa criança. Se essas crises estão acontecendo com frequência com seu filho, você precisa levá-lo a um terapeuta ocupacional**, que fará uma **avaliação sensorial** para descobrir quais são os estímulos que "estão demais" e quais "estão de menos". Além disso, são esses profissionais que farão terapias de estimulação e integração sensorial em cada caso para diminuir o desconforto e as reações negativas da sensibilidade prejudicada. Cada criança tem um tipo de alteração sensorial e, por isso, se as crises são frequentes, você precisa entender a fundo esse problema para lidar com ele.

Mesmo assim, uma dica ainda pode ser útil para lidar com as crises. **Tenha sempre um "cantinho seguro" em casa para seu filho**. Um lugar reservado — que pode ser um quarto dos fundos, uma varanda, um banheiro afastado, o próprio quarto da criança — para onde essa criança pode ir para se acalmar. Precisa ser um lugar sem barulho, sem luz muito forte e intensa, sem muitos objetos a disposição e sem movimentação. Leve seu filho até esse "cantinho seguro" e faça companhia para ele até que ele se acalme. Não tente encontrar soluções nesta hora, não fique falando na cabeça dele, não interaja demais, pois isso pode perturbar mais ainda uma criança em crise.

Você deve estar perguntando: "Ok, mas como eu sei quando é uma birra e quando eu sei que é uma crise sensorial?". Na prática, isso é sempre difícil de perceber, e, cada vez que acontecer, você deve estar atento para, antes de fazer qualquer coisa, entender o que está acontecendo. Diferenciar entre birra e crise sensorial é, sim, desafiador, mas é vital para lidar com a criança. Se for uma crise sensorial, a abordagem deve ser em como acalmar a criança, não em discipliná-la. Por isso, buscamos reduzir os estímulos e criar um espaço seguro para permitir que a criança se recupere. Em uma birra, por outro lado, o foco é ajudar a criança a entender que há maneiras mais eficazes de se comunicar.

Vamos a um exemplo. Se a criança está chorando e se jogando no chão em uma loja, observe se há muitos estímulos ao redor: luzes brilhantes, sons altos, cheiros fortes. Se for uma crise sensorial, afaste a criança dali e leve-a até um ambiente mais calmo.

Agora, se mesmo depois de levá-la para longe ela continuar chorando e se jogando no chão, seja firme e compreensivo e tente entender o que ela deseja. Pode ser, por exemplo, um doce que ela viu na loja ou um brinquedo que viu no caminho e não ganhou. Se ela não conseguir expressar com sons ou palavras o que quer, use gestos ou ajude-a a apontar para o que deseja. Ajoelhe-se para ficar na altura dela e com uma voz suave diga algo como: "Eu sei que você quer isso, mas não é assim que você vai conseguir". Ofereça alternativas simples, como escolher outra coisa, ajudar você a comprar alguma coisa na loja ou esperar até mais tarde ou outro dia. Se a criança se acalmar e responder (seja com palavras ou com gestos), reforce qualquer tentativa de comunicação adequada, elogiando e mostrando que essa é uma forma positiva de conseguir o que quer.

E tome muito cuidado, pois birras podem gerar crises sensoriais. Quando a criança não consegue o que quer e começa um comportamento inadequado muito intenso — grito, choro ou violência — ela pode se expor a uma sobrecarga ou descarga de sensibilidade. Imagine se, nessa situação, acabamos dando para a criança o que ela queria ao começar a birra. O que o cérebro dela vai registrar? Que, no fim, a crise é positiva e isso pode gerar uma bagunça comportamental tremenda. Lembre-se sempre de que, em birras ou crises, o cérebro da criança, o modo como ela processa estímulos, informações e comportamentos, está desorganizado. Nossa tarefa é organizá-lo para que ela se acalme e entenda que a melhor maneira de conseguir o que quer não é por aquele caminho. E que há outro caminho que ela pode seguir.

Tenha isso sempre em mente: a melhor maneira de corrigir um comportamento inadequado é ensinando um comportamento adequado. Então, por exemplo, se a criança quer uma bola e começa a gritar e chorar, espere pacientemente até que ela pare, pergunte o que ela quer, ajude-a a apontar para a bola e, se ela conseguir apontar ou pedir com sons calmos, ou mesmo com outros gestos, dê a bola. Sempre temos que oferecer alternativas boas a um comportamento ruim para que a criança possa ter por onde aprender.

Saiba também que o manejo de comportamentos inadequados deve ser feito sempre com calma, respeito e empatia. A ideia é ensinar a criança, não a punir. Evite gritar com ela, usar castigos físicos ou quaisquer atitudes que possam causar medo. Esses métodos não ensinam, apenas reprimem temporariamente o comportamento e podem criar traumas duradouros. Ensinar, não punir: guarde isso.

A criança não evoluiu no tratamento: o que fazer?

Se você está aqui, é porque seu filho ou paciente não está apresentando resultados positivos nos passos do Capítulo 3 e você está preocupado de não conseguir evoluir mais no tratamento. Apesar dos esforços que você está tendo nas terapias de comportamento verbal, a criança ainda não conseguiu desenvolver habilidades comunicativas.

Como expliquei, um dos caminhos à nossa disposição é tentar trabalhar com essa criança estratégias de comunicação alternativa para além da fala. Reconhecer a necessidade de métodos alternativos não é um sinal de fracasso, mas uma adaptação que pode ser útil e necessária para atender às necessidades individuais de algumas crianças. Nosso objetivo é garantir que todas elas, mesmo aquelas com mais dificuldade, tenham ao menos uma forma de expressar seus desejos, necessidades e emoções.

A comunicação alternativa pode incluir o uso de gestos, símbolos, dispositivos de comunicação aumentativa ou até sistemas de troca de figuras. Esses métodos oferecem à criança um meio possível de interagir conosco e com o mundo. Para falar deles, chamei uma fonoaudióloga experiente no ensino dessas ferramentas para crianças com esse tipo de obstáculo. Com a palavra, Ana Lucia Kozonara:

★ ★ ★

Uso da Comunicação Alternativa no Transtorno do Espectro do Autismo

Por Ana Lucia Kozonara

Introdução

A comunicação social é uma habilidade fundamental para a interação humana, permitindo a troca de informações, expressões de sentimentos e construção de relacionamentos. Comunicação não está restrita ao que queremos pedir ou recusar, ela nos dá a possibilidade de manifestação crítica e de fazer escolhas, o que nos torna pertencentes à comunidade, além de sermos respeitados e representados.

A comunicação vai além do comportamento verbal, abrangendo uma ampla gama de formas de expressão que não dependem apenas da fala. Gestos, expressões faciais, postura corporal, contato visual (incluindo a forma com que se olha, que também agrega expressividade), prosódia e até mesmo o silêncio, são elementos poderosos de comunicação. Essas formas não verbais de interação são essenciais para transmitir emoções, intenções e informações em contextos em que as palavras podem ser insuficientes ou inacessíveis. Por isso, para muitas pessoas, especialmente aquelas com dificuldades na comunicação social, como indivíduos com Transtorno do Espectro Autista (TEA) ou outras condições, a comunicação alternativa desempenha um papel crucial na construção de conexões sociais e na expressão de suas necessidades e desejos. Assim, reconhecer e valorizar outras formas de comunicação é fundamental para uma interação inclusiva e eficaz em diversos contextos.

A linguagem e a fala são intrinsecamente interligadas, representando diferentes aspectos da comunicação humana. A linguagem é um sistema complexo de subsistemas, símbolos e regras, abrangendo tanto a linguagem verbal quanto a não verbal. Já a fala é a expressão "física" da linguagem, envolvendo a produção de sons para formar palavras e frases compreensíveis. A correlação entre ambos é essencial, pois a linguagem fornece a funcionalidade, a estrutura e o significado, compondo a intencionalidade do ato comunicativo; enquanto a fala transforma essa estrutura em comunicação concreta, que pode ser ouvida e processada pelo interlocutor. Juntas e associadas com a cognição, elas permitem uma interação efetiva e eficiente, facilitando a troca de informações e o desenvolvimento de relacionamentos sociais. A partir dessa construção, onde além da fala, incluímos sons (não linguísticos), movimentos corporais, variações prosódicas, expressões faciais, gestos simples, convencionais, simbólicos, dentre outros, percebemos que a comunicação é multimodal, e o conjunto dessas informações é o que torna a comunicação eficiente.

Sabemos que a fala é uma das aquisições mais esperadas e valorizadas pelas famílias e por todos que cercam a criança. Porém, algumas pessoas não conseguem se comunicar por meio da fala, ou mesmo utilizar a fala num contexto funcional. Essas dificuldades podem não estar, necessariamente, relacionadas com a produção da fala, no nível físico ou do planejamento e organização dos sons, mas também podem estar relacionadas às desordens de linguagem, que causam alterações no acesso, na estrutura e na funcionalidade da comunicação. Para indivíduos com TEA, por exemplo, essa habilidade pode estar significativamente afetada, em função das inabilidades pragmáticas, inicialmente, exigindo abordagens alternativas para promover uma comunicação eficaz.

Este capítulo aborda aspectos da comunicação alternativa, destinado a pais e profissionais que trabalham com pessoas no espectro do autismo, com as práticas baseadas em evidências.

O Desafio da Comunicação no Transtorno do Espectro do Autismo

A comunicação social é um dos maiores desafios enfrentados por crianças com Transtorno do Espectro Autista (TEA), justamente por considerarmos que a linguagem se desenvolve a partir das relações interpessoais. Essas crianças apresentam dificuldades significativas em áreas essenciais da interação social, como a capacidade de iniciar ou manter uma conversa, interpretar expressões faciais, entender os aspectos prosódicos da fala e captar inferências. As dificuldades podem variar amplamente, desde indivíduos não verbais até aqueles com habilidades verbais avançadas, porém com dificuldades na comunicação pragmática (funcionalidade). As dificuldades de comunicação podem levar ao isolamento, frustração e comportamentos desafiadores, tanto para a criança quanto para os que a cercam.

Para muitas crianças com TEA, o uso da linguagem falada pode ser uma barreira intransponível. Dessa forma, a linguagem verbal não é a principal forma de comunicação, necessitando o uso de métodos de Comunicação Alternativa (CAA). Há ainda aquelas crianças já são capazes de falar, mas não utilizam esse repertório de forma funcional, nestes casos é utilizado também o termo "Comunicação Aumentativa". Em ambos os casos, a Comunicação Alternativa e Aumentativa se torna uma ferramenta essencial, englobando uma variedade de métodos que visam apoiar ou substituir a fala, além de apoiar concretamente o acesso e a elaboração da linguagem, com o uso de símbolos, gestos, imagens, dispositivos eletrônicos e aplicativos de comunicação. Neste caso, então, a CAA não é apenas o uso de um dispositivo de irá substituir a fala, mas sim uma forma de organizar a linguagem e facilitar o acesso à comunicação. Além disso, como a CAA é um instrumento potente de acesso à linguagem, ela também é uma indicação assertiva para indivíduos que já utilizam recursos verbais, ou seja, crianças falantes, mas que não utilizam a fala de forma funcional, comprometendo a comunicação social. Ou seja, a partir do uso da CAA, a criança aumenta o uso da comunicação, e a oportunidade dessas interações é o que a possibilita a ampliação dos recursos de linguagem para novas iniciativas e experiências, permitindo outros tipos de interação interpessoal, e assim sucessivamente.

O uso de CAA não apenas oferece às crianças uma maneira de expressar seus desejos, mas também promove o desenvolvimento de habilidades sociais e cognitivas. Por meio da CAA, as crianças com TEA podem interagir de maneira mais eficaz com seus pares, familiares e educadores, o que contribui para seu desenvolvimento emocional e social.

Além disso, a introdução precoce da CAA pode ter um impacto positivo na qualidade de vida da criança e de sua família. Com possibilidade de se comunicar, mesmo que de forma não verbal, a criança pode experimentar menos frustração e ansiedade, enquanto seus cuidadores ganham uma melhor compreensão de suas necessidades e sentimentos. A CAA não apenas oferece uma voz às crianças com TEA, mas também proporcionam uma base sólida para o desenvolvimento de habilidades sociais e emocionais, promovendo uma inclusão mais efetiva e uma vida mais plena. Além disso, CAA apoia o desenvolvimento da fala, favorece a compreensão da comunicação e pode servir de base para a alfabetização. Dessa forma, quando um indivíduo recebe indicação de uso de sistema de comunicação alternativa, é de extrema importância que a equipe e a família estejam aptas e treinadas para a utilização do sistema, para que a criança aprenda a partir da modelagem, e para que ela tenha muitas experiências com esses parceiros de comunicação.

Sobre Comunicação Alternativa / Aumentativa / Suplementar

Segundo a ISAAC-Brasil, a comunicação suplementar e/ou alternativa, ou ainda, aumentativa (CAA), "envolve um conjunto de ferramentas e estratégias utilizadas para resolver desafios cotidianos de comunicação de pessoas que apresentam algum tipo de comprometimento da linguagem oral, na produção de sentidos e na interação." Então, entendemos CAA como todas as formas de comunicação (além da fala) utilizadas para expressar a individualidade, ou seja, os pensamentos, ideias, necessidades e desejos, dentre tantas outras funções da comunicação.

A CAA tem quatro componentes: *recursos, símbolos, técnicas e estratégias*.

Recursos

Considerados a base física de um sistema de comunicação, os recursos englobam a superfície, o material, o dispositivo ou o equipamento, que será utilizado para organizar os símbolos e permitir que a pessoa se expresse. Esses recursos podem ser classificados como de baixa ou alta tecnologia.

Os recursos de baixa tecnologia são aqueles criados a partir de materiais simples, facilmente encontrados no ambiente e adaptados às necessidades específicas do usuário. Eles podem ser confeccionados com fotos, desenhos, pictogramas impressos ou imagens prontas, por exemplo. Alguns exemplos são: pranchas com símbolos em papel, superfícies com velcro para fixar símbolos e diferentes tipos de pastas que agrupam símbolos de várias formas.

Os recursos de alta tecnologia referem-se aos dispositivos eletrônicos e tecnologias avançadas, geralmente associados a um investimento financeiro maior. Nesses dispositivos deve ser instalado um software ou aplicativo de CAA, que pode ser gratuito ou pago, para personalização do sistema. Alguns exemplos são o Coughdrop e o TD Snap. Esses recursos permitem a utilização de símbolos em formato digital, como fotos, imagens e pictogramas, além de adaptações para acionamento, como dispositivos de rastreamento ocular (*eyetracking*). Esses sistemas têm a capacidade de gerar síntese de voz.

Há também recursos intermediários, os comunicadores que permitem gravar voz ou com voz sintetizada, associado aos símbolos impressos personalizados, como os botões vocalizadores, por exemplo.

Símbolos

Os símbolos servem como uma forma de representar a linguagem por meio de recursos que vão além da fala. Podem incluir gestos, fotografias, desenhos, pictogramas, sinais ou palavras escritas. Existem diversas bibliotecas de símbolos gráficos criadas especificamente para auxiliar na CAA, como por exemplo o Arasaac (gratuito) e o PCS - Picture Communication Symbols (acesso pelo *software* Boardmaker ou pelo aplicativo TD Snap), sendo essas as mais utilizadas no Brasil.

Técnicas

As técnicas referem-se ao modo como a pessoa interage fisicamente com o sistema de comunicação, ou seja, como ela seleciona o símbolo desejado. Quando falamos de acesso direto, estamos nos referindo à ação, em que a pessoa aponta diretamente para o símbolo, utilizando qualquer parte do corpo ou um dispositivo auxiliar. Já o acesso indireto, ou técnica de varredura, envolve a apresentação das opções por outra pessoa ou automaticamente por um dispositivo eletrônico. A seleção do símbolo deve ser confirmada por meio de um movimento voluntário que a pessoa consegue realizar, como mover a cabeça ou piscar os olhos.

Estratégias

As estratégias são modos de como podemos ensinar a utilização do comunicador. A estratégia pode ser planejada ou espontânea, no contexto natural da criança ou em contextos específicos, como na escola, por exemplo.

Quando e como iniciar o uso de CAA?

Identificados os desvios nos marcos do desenvolvimento da comunicação, quanto antes criança começar a intervenção, menor é o atraso, o que pode futuramente impactar em uma vida mais funcional. Portanto, são sinais precoces para possíveis problemas de comunicação, se, com 1 ano de idade, a criança:

- Apresentar contato visual ausente ou reduzido;
- Não utilizar gestos (apontar, responder "sim" e "não" com a cabeça, por exemplo);

- Não utilizar palavras (mamã, papá, "quê", "abre", por exemplo);
- Mesmo já produzindo palavras, mas não as utilizar com intenção de se comunicar;
- Ainda não utilizar brinquedos e objetos para compartilhar interesse.

Quando se é familiar de uma criança com qualquer uma dessas condições, ou mesmo se houver uma dúvida quanto a isso, deve-se procurar os profissionais do desenvolvimento infantil para avaliação (e diagnóstico) e terapia. O profissional responsável pelo apoio ao desenvolvimento da comunicação social é o fonoaudiólogo, bem como pela indicação, planejamento, personalização e implementação dos sistemas de comunicação.

Se você for um profissional do desenvolvimento, considere trabalhar desde o primeiro momento do paciente com utilizando a comunicação alternativa como apoio para sua terapia. Utilize sinalização nas salas de terapia, nos banheiros, na área do café e outros ambientes onde a criança está. Tenha pranchas temáticas e com vocabulário essencial para apoio durante a sessão desde o início do processo terapêutico, inclusive para observar se este poderia ser um facilitador da comunicação.

Se, após 6 meses de terapia fonoaudiológica com foco em comunicação social, a criança não desenvolver repertório de pelo menos cinco palavras funcionais, com intenção de se comunicar, a indicação de um sistema de CAA já deve ser realizada. Se a criança já tiver um diagnóstico prévio de TEA (ou um possível diagnóstico), essas considerações são ainda mais importantes! A CAA irá, não apenas auxiliar a criança a se expressar, mas também será um apoio concreto para criança estruturar a linguagem, além de um facilitador para comunicação receptiva (compreensão), pois uma criança que não compreende bem a linguagem também não tem recursos para se expressar. E ressaltando que, a impossibilidade da criança se comunicar pode interferir, inclusive, no desenvolvimento da cognição e tantas outras áreas do desenvolvimento.

Abordagens de ensino para CAA

A escolha do sistema e da estratégia de ensino deve ser apoiada pelo fonoaudiólogo, em conjunto com o usuário e sua família.

Nesse momento, deve ser levado em consideração:

- As necessidades particulares do usuário e a opinião dos familiares;
- As suas dificuldades e habilidades sensoriais, motoras e cognitivas;
- A condição financeira para aquisição dos recursos;
- O contexto de utilização do recurso.

Por isso, é muito importante buscar fonoaudiólogos com experiência em CAA, para orientar esse processo de forma eficiente.

As abordagens mais utilizadas no Brasil são:

PECS (Picture Exchange Communication System)

Desenvolvido para uso com crianças em idade pré-escolar com TEA ou outros transtornos na comunicação social. É um protocolo baseado no treino de tentativas discretas da Análise Comportamental Aplicada (ABA) e no Comportamento Verbal.

Neste caso, o recurso utilizado é de baixa tecnologia, geralmente um livro com símbolos plastificados (substantivos, ações, adjetivos e itens de interesse da criança) e fixados por velcro. O usuário faz o acesso direto aos símbolos. As funções comunicativas possíveis são, principalmente, os pedidos e as escolhas, abrangendo por poucas funções comunicativas, por isso o PECS não é considerado um sistema robusto de comunicação.

PODD (Pragmatic Organization Dynamic Display) - Pranchas Dinâmicas com Organização Pragmática

O PODD é um sistema de comunicação, criado por Gayle Porter, que pode ser usado para pessoas que vivenciam qualquer condição de restrição de comunicação. Pode ser utilizado em baixa ou alta tecnologia.

É composto por pranchas organizadas por meio de conexão sucessiva entre as páginas. Abrange várias funções comunicativas, o que permite ao usuário fazer comentários, perguntas, fazer pedidos, dizer que algo está errado, dentre outras funções; por isso é considerado um sistema de comunicação robusto.

Para que o usuário se adapte e consiga utilizar espontaneamente o PODD, é necessário que os parceiros de comunicação, em todos os contextos de vida, utilizem a modelagem, ou seja, o uso frequente do livro. Dessa forma, o usuário será exposto, de forma natural e contextualizada, às mais diversas funções comunicativas, o que facilitará a utilização do sistema de forma espontânea e generalizada.

CORE Words: vocabulário essencial e acessório

O nosso vocabulário é composto por 80% de palavras essenciais, ou seja, as palavras mais comuns em nossa comunicação (por exemplo, "mais", "fazer", Isto") e 20% de palavras acessórias, que são aquelas utilizadas em contextos mais restritos (por exemplo, o nome de pessoas).

A estratégia de Core Words se baseia no ensino de um repertório de entre 100 e 200 palavras essenciais da comunicação, utilizadas na maior parte dos contextos, abrangendo muitas funções comunicativas que o usuário precisa na vida cotidiana, associada aos símbolos. Pode ser utilizado em alta ou baixa tecnologia.

A forma de ensinar o usuário a utilizar o sistema também é a modelagem, por meio dos parceiros de comunicação, de forma frequente, natural e contextualizada. Essa estratégia tem se mostrado promissora no apoio de pessoas que necessitam de formas alternativas de comunicação, inclusive pessoas com TEA.

A implementação de CAA

A implementação eficaz da CAA requer uma abordagem colaborativa entre pais, profissionais e o indivíduo com TEA. Os passos incluem:

1. Avaliação Inicial

A avaliação fonoaudiológica das habilidades comunicativas do indivíduo é essencial para planejamento estratégico. Também há alguns instrumentos que auxiliam de forma mais assertiva no processo da escolha e estruturação do sistema. Além disso, há circunstâncias onde a avaliação de outros profissionais pode colaborar para identificar as necessidades e as melhores estratégias, como, por exemplo, o psicólogo e o terapeuta ocupacional.

2. Escolha do Sistema de CAA

Baseado na avaliação, deve-se escolher o sistema ou combinação de sistemas mais apropriado. A personalização é crucial, pois cada criança apresenta necessidades específicas de comunicação, além de habilidades e dificuldades que devem ser consideradas neste momento.

3. Treinamento e Suporte

Pais e profissionais precisam ser treinados no uso da CAA. Oficinas práticas, manuais e suporte contínuo são fundamentais para garantir a consistência e a eficácia da comunicação.

4. Integração na Vida Diária

A CAA deve ser integrada em todas as áreas da vida do indivíduo, desde a escola até o lar, garantindo que a comunicação seja promovida em diversos contextos.

Benefícios e Desafios

Os benefícios da CAA são numerosos, incluindo a redução de comportamentos disruptivos, a melhora na interação social, a partir do aumento da frequência e da qualidade da expressão e da recepção da linguagem e o aumento da independência. No entanto, desafios como a necessidade de treinamento constante, o custo de dispositivos assistivos e a resistência inicial de alguns indivíduos devem ser considerados.

Vale sempre ressaltar que o uso de CAA não inibe o desenvolvimento da fala, pelo contrário, a estruturação de linguagem que ela proporciona favorece o desenvolvimento da fala.

Dicas e orientações:

- Seja um bom parceiro de comunicação: fale com o usuário usando a CAA com frequência, responda às tentativas de comunicação, valorizando-a em todas as formas, dê atenção suficiente e tempo para que o usuário de CAA se comunique e para que ele perceba que você se importa com o que ele tem a dizer;
- Seja um apoiador do uso do sistema: tenha várias cópias, inclusive em baixa tecnologia, facilite o transporte, confira se os dispositivos estão carregados e propicie que o usuário seja independente nessas atividades;
- Modele muito e sempre! Modelar significa entrar no mundo do usuário, utilizando a mesma linguagem. Modele em todos os contextos, inclusive aceitando outros modos de comunicação e "traduzindo" para CAA;
- Nunca, jamais direcione a resposta da criança no dispositivo. A comunicação deve ser natural e espontânea. Se você utiliza suporte físico para determinar a resposta do usuário, você está presumindo o que ele tem a dizer, mas nunca saberá ao certo. Em vez disso, modele e crie motivação para o uso;
- Aceitar todas as possibilidades de comunicação! Se a criança já realizou um ato comunicativo (verbal, gestual ou de qualquer outra forma), não exija que ela o repita utilizando o dispositivo. A comunicação é multimodal e deve ser valorizada em todas as suas possibilidades;
- Todo indivíduo merece um sistema robusto de comunicação, para que tenha possibilidade de expressar qualquer ideia. O sistema robusto é composto de: vocabulário essencial, vocabulário acessório (personalizado), frases funcionais, frases para comunicação rápida e letras do alfabeto (ou teclado).

Conclusão

A comunicação alternativa oferece uma ponte vital para indivíduos com TEA, permitindo-lhes participar mais plenamente na sociedade. A colaboração entre pais, profissionais e os próprios indivíduos é essencial para o sucesso da CAA. Com estratégias personalizadas e suporte contínuo, a CAA pode transformar vidas, promovendo uma comunicação mais eficaz e uma melhor qualidade de vida.

Referências

ARASAAC: acessível gratuitamente através do site <https://arasaac.org>(https://arasaac.org). Acessado em 21/09/2024.

PCS (Picture Communication Symbols - Símbolos de Comunicação Pictórica): disponíveis em softwares como o Boardmaker e em alguns aplicativos de Comunicação Alternativa e Aumentativa (CAA).

TD Snap: possui versões gratuitas com recursos limitados e versões pagas mais completas.

1. American Speech-Language-Hearing Association <https://www.asha.org/practice-portal/professional-issues/augmentative-and-alternative-communication>. Acessado em 21/09/2024.

2. <http://www.isaacbrasil.org.br>. Acessado em 21/09/2024.

The International Society for Augmentative and Alternative Communication (ISAAC) <https://isaac-online.org/english/home/>. Acessado em 21/09/2024.

3. Bondy, A., & Frost, L. (2011). **The Picture Exchange Communication System (PECS)**. Behavior Modification.

4. Ganz, J. B., Hong, E. R., Goodwyn, F. D., Kite, E., & Gilliland, W. (2013). **Impact of AAC versus verbal modeling on verbal imitation, picture discrimination, and related speech:** Journal of Autism and Developmental Disorders.

5. Lorah, E. R., Parnell, A., Whitby, P. S., & Hantula, D. (2015). **A systematic review of tablet computers and portable media players as speech generating devices for individuals with autism spectrum disorder:** Journal of Autism and Developmental Disorders.

6. Thunberg, G., Ahlsen, E., & Sandberg, A. D. (2016). **Speech-generating devices used at home by children with autism spectrum disorders:** Journal of Developmental and Physical Disabilities.

7. VON TETZCHNER, S.; GROVE, N. The development of alternative languages forms. In: _____. (Ed.). Augmentative and alternative communication: developmental issues. London: Whurr, 2003. p. 1-27.

8. Rowland, C. & Fried-Oken, M. (2010) Communication Matrix: A clinical and research assessment tool targeting children with severe communication disorders. Journal of Pediatric Rehabilitation Medicine, 3, 319-329

9. Romski, M., & Sevcik, R. A. (2005). Augmentative communication and early intervention: Myths and realities. Infants & Young Children, 18(3), 174–185. <https://doi.org/10.1097/00001163-200507000-00002>. Acessado em 21/09/2024.

10. Comunicação aumentativa e alternativa: O que é? Como usar? (2022), Comunicatea.

11. Janice Light, David McNaughton, David Beukelman, Susan Koch Fager, Melanie Fried-Oken, Thomas Jakobs & Erik Jakobs (2019): Challenges and opportunities in augmentative and alternative communication: Research and technology development to enhance communication and participation for individuals with complex communication needs, Augmentative and Alternative Communication, DOI: 10.1080/07434618.2018.1556732

★★★

Resumo deste capítulo:

O processo de aprendizado de comportamentos é complexo e crianças são complexas. Pais e terapeutas precisam se lembrar constantemente disso para não se frustrarem esperando resultados rápidos e perfeitos. Para cada obstáculo, soluções específicas:

- Meu filho ou paciente não imita sons, não imita nada! Na hora de ir para o Passo 2, ele me ignora ou faz um som completamente diferente: A criança pratica a imitação generalizada, que pode ser motora ou verbal. Portanto, comece com o mais simples, com palminhas ou sinais com a mão que pedimos que ela imite. Se a criança não conseguir fazer imitação motora, provavelmente não conseguirá fazer imitação verbal. Por isso, se você não conseguir fazer com que ela imite sons, comece com os gestos;
- Meu filho ou paciente não está prestando atenção em mim! Quando eu falo ou faço alguma coisa, ele fica olhando para outros lugares, continua brincando: crianças com TEA têm dificuldade em prestar atenção em dois estímulos diferentes ao mesmo tempo. Elas colocam sua atenção em um interesse restrito, um hiperfoco em alguma coisa que as interessa, e não entendem a necessidade social de interagir com outras pessoas. Primeiro, nos aproximamos de maneira cuidadosa, depois atraímos a atenção dela para o nosso olhar;
- Meu filho ou paciente não me obedece! Ele olha para mim, parece entender o que eu quero, e simplesmente me ignora: aqui é necessário fazer o treinamento para seguimento de comandos. Para obedecer, a criança precisa acessar várias habilidades: ela precisa desenvolver discriminação auditiva ("o que estou escutando?"), comunicação receptiva ("opa, estão falando comigo!") compreensão e interpretação de comandos ("ah, é para eu fazer isso desse jeito") e comportamento reativo ("bom, se eu fizer isso, vou sair ganhando");

- Meu filho ou paciente faz birra! Quando chamo sua atenção ou peço para ele fazer alguma coisa, ele começa a chorar, espernear e gritar, bater: saiba diferenciar uma birra de uma crise. No caso da birra, oferecer alternativas positivas e ser sempre firme. No caso de uma crise, lembre-se que pode ser uma caso de hipersensibilidade ou hiposensibilidade. Se essas crises estão acontecendo com frequência com seu filho, você precisa levá-lo a um terapeuta ocupacional, que fará uma avaliação sensorial para descobrir quais são os estímulos que "estão demais" e quais "estão de menos". Lembre-se de ter um "cantinho seguro" em casa, para casos de crise.

Resumo sobre a CAA:

- Reconhecer a necessidade de métodos alternativos não é um sinal de fracasso. Adaptações podem ser úteis e necessárias para atender às necessidades individuais de algumas crianças. Nosso objetivo é garantir que todas elas consigam expressar seus desejos, necessidades e emoções;
- A comunicação alternativa pode incluir o uso de gestos, símbolos, dispositivos de comunicação aumentativa ou até sistemas de troca de figuras;
- A comunicação é fundamental para interação humana, envolvendo linguagem verbal e não verbal (gestos, expressões faciais etc). Crianças com Transtorno do Espectro Autista (TEA) enfrentam desafios significativos na comunicação social, o que pode levar ao isolamento;
- A Comunicação Alternativa (CAA) é essencial para pessoas com TEA, usando métodos como símbolos, gestos e dispositivos eletrônicos para facilitar a comunicação;
- Os componentes da CAA incluem recursos (ferramentas físicas ou digitais), símbolos (imagens, gestos), técnicas (formas de selecionar símbolos) e estratégias (como ensinar a CAA);
- Os recursos usados pela CAA variam entre baixa tecnologia, como pranchas de símbolos em papel, e alta tecnologia, como dispositivos eletrônicos com sintetizadores de voz;

- A CAA melhora a interação social, reduz comportamentos desafiadores e ajuda no desenvolvimento emocional e social das crianças com TEA. A introdução precoce da CAA pode melhorar significativamente a qualidade de vida da criança e sua família;
- Para ensinar CAA, há diversas abordagens de ensino, métodos como PECS, PODD e Core Words. Eles variam conforme as necessidades individuais;
- A implementação da CAA requer avaliação profissional, a escolha do sistema adequado, treinamento para pais e profissionais e integração na vida diária.

5

A criança falou: e agora?

Aprender a falar é um dos marcos mais transformadores no desenvolvimento de uma criança. Ela cruzou a ponte da comunicação, ela se conectou ao mundo. Para muitas famílias, especialmente aquelas com crianças com Transtorno do Espectro Autista (TEA), essa conquista é o resultado de muito trabalho, amor e dedicação, de pais que insistiram e persistiram no tratamento por meses, muitas vezes anos. A partir de agora, a criança sabe se expressar, sabe pedir, sabe como compartilhar seus sentimentos, sabe nos contar se não estiver se sentindo bem. Tudo isso é muito importante, mas esse marco não é um fim. Pelo contrário!

Quando a criança tem TEA, desenvolver a habilidade de se comunicar não significa que ela está "curada", ou que não precisará de mais suporte. **A fala é uma ferramenta importante para ela superar barreiras e se adaptar aos desafios de conviver com as outras características do espectro autista.** Podemos e devemos ajudá-la, estimulando que ela compreenda e nos comunique as dificuldades que está passando.

Além disso, a fala é a passagem para um universo de novas possibilidades, novas habilidades. Agora que a comunicação verbal está desenvolvida, nossa missão é continuar alimentando esse crescimento, ampliando seu repertório. Quando olhamos para o futuro da criança, temos que tentar fazer com que a fala não seja apenas um meio de expressão, **mas também uma ferramenta para ela explorar o mundo, desenvolver sua autonomia e construir relações pessoais e sociais.**

Este último capítulo não será sobre celebração, mas sobre ação contínua. Ou seja: o que fazer agora que a criança consegue falar? A conquista da fala é apenas o primeiro degrau de uma escada que leva ao pleno desenvolvimento da criança. Precisamos pensar adiante: como podemos aproveitar a habilidade para desenvolver novos comportamentos? Como essa nova habilidade pode ser nutrida e expandida? Como podemos continuar a promover um ambiente que não só sustente, mas que também desafie e enriqueça a comunicação da criança?

Com a fala, a criança supera barreiras

Para crianças autistas, aprender a falar é mais do que superar um atraso específico. A partir desse momento, **falar se torna uma ferramenta para ajudar a criança a enfrentar e gerenciar características associadas ao espectro, como a dificuldade de socialização, de compreensão de regras sociais e de regulação emocional**. Agora, os pais e terapeutas têm um canal direto para se comunicar com aquela criança, entender o que ela precisa, quando precisa. Agora, a própria criança pode comunicar verbalmente os seus incômodos e as suas dificuldades.

Uma das principais dificuldades enfrentadas por autistas, crianças e adultos, está relacionada à interação social. A fala, quando desenvolvida, pode ser um ponto de apoio para facilitar essas interações. Por exemplo, podemos ensinar a criança a como falar com os amiguinhos da escola, como saber perguntar quando não entender o que eles falaram, como se expressar dizendo que não gostou de uma brincadeira ou que gostaria de brincar de outro jeito. Em outras palavras, **nós as ensinamos a usar a linguagem para expressar necessidades, incômodos e desejos de forma clara**, o que pode reduzir frustrações e prevenir comportamentos inadequados e problemas de socialização (como exclusão do grupinho da escola, *bullying* etc.). Além disso, podemos **trabalhar habilidades como fazer comentários educados,**

como responder a interações e como iniciar conversas, o que contribuirá para melhorar a qualidade das interações da criança.

Outro aspecto importante é o **uso da fala para ajudar a criança a compreender e seguir regras sociais**. Pessoas com autismo têm dificuldades para entender normas sociais implícitas, como a necessidade de esperar a vez de falar ou interpretar expressões faciais e tons de voz. Isso varia conforme a necessidade de suporte — quanto maior o nível de suporte, mais dificuldade a criança terá para entender essas regras. Mesmo assim, podemos ensinar essas "boas maneiras" desde cedo para a criança: **temos que explicar esses comportamentos de maneira direta, clara e explícita, detalhando situações específicas e orientando a criança sobre como reagir, afinal, ela não compreenderá essas regras de maneira natural, apenas observando os outros**.

Por fim, a fala pode ser uma grande aliada na regulação emocional. Muitas crianças autistas têm dificuldade em identificar e expressar suas emoções, o que pode levar a crises sensoriais ou comportamentos desafiadores, como vimos no capítulo anterior. **Ao ensinar a criança a nomear e verbalizar seus sentimentos, proporcionamos uma maneira dela lidar com suas emoções de forma mais saudável e controlada**. Por exemplo, em vez de agir impulsivamente, a criança pode aprender a dizer: "Estou irritado", "Isso aqui está fazendo eu me sentir mal" ou "Preciso de um tempo", o que pode ajudar a prevenir explosões emocionais.

A integração dessas habilidades pode ser facilitada na escola, onde a criança pratica a fala em um ambiente seguro e estruturado. Nem sempre é fácil, eu sei, mas acredite em mim quando digo que é muito importante que a criança interaja nesses ambientes para conseguir superar barreiras de interação social, seguimento de regras sociais e regulação emocional. Temos que evitar chegar num "limite" de estímulos para a criança. Por isso, é bom que ela saia, é bom que ela tente fazer amigos, é bom que ela explore o mundo e conheça novos ambientes.

Com a fala, a criança busca novos interesses

Além de expandir a capacidade de comunicação da criança para permitir que ela supere outros atrasos, **o desenvolvimento da fala também pode abrir portas para o surgimento de novos interesses e habilidades**: música, pintura, leitura, gosto pela matemática, entre tantos outros.

Lembra das histórias que contei dos meus pacientes? Aquela criança que atendi que, mais tarde, virou vocalista de uma banda, outra que virou artista plástica, outra que virou atleta... São tantos exemplos! Todas as histórias têm em comum o fato de que as crianças começaram com pouco — aprendendo a falar — e depois focaram em novos talentos em áreas que se interessavam. Esses interesses podem se tornar canais adicionais para o crescimento e a expressão pessoal da criança, por isso são importantes.

Você pode até pensar que são apenas passatempos para entreter a criança durante 1 ou 2 horas da semana, mas, acredite, eles têm muito valor científico para a nossa psicologia comportamental!

A música, por exemplo, pode ser uma ferramenta poderosa para reforçar padrões de fala e ritmo. A criança desenvolve e aprimora a atenção conjunta com a coordenação motora, pois aprende a manipular instrumentos no tempo rítmico.

O canto pode ajudar a criança a praticar articulação e entonação — que são habilidades bem complexas derivadas da fala — de uma forma divertida, que motive e a inspire.

A pintura, o desenho e a escultura, por outro lado, oferecem uma forma não verbal de expressão que pode ajudar e complementar a comunicação verbal. São formas de arte que permitem que a criança explore sua criatividade enquanto desenvolve habilidades motoras complexas, como segurar um pincel de maneira firme, modelar argila ou fazer uma linha usando lápis com certa precisão.

A leitura é outro interesse que pode ser estimulado em qualquer criança, incluindo aquelas no espectro autista. Ler não é apenas uma atividade passiva: **ler transforma o cérebro, amplia horizontes e reforça a linguagem**. Criar a rotina de ler para a criança é mais do que um momento de lazer e conexão. **É uma ótima ferramenta para estimular o desenvolvimento cognitivo e emocional dela, além de criar um momento para fortalecer os laços afetivos entre você e seu filho.**

Você pode começar com livros infantis que correspondam aos interesses da criança. Ela gosta de animais? Compre livros de histórias de bichinhos, como fábulas. Ela gosta de brincar de bola? Compre livros infantis de personagens jogando futebol. Não sabe o que ela gosta? Tudo bem! Compre livros diferentes e leia com ela para conhecer os interesses e os gostos dela. Quando conhecer, compre mais livros do mesmo tema.

Livros ilustrados são importantes. As imagens oferecem pistas visuais que ajudam a compreender e antecipar a história, enquanto o texto introduz novas palavras e frases para a criança aprender. À medida que lemos, podemos pausar para perguntar ao pequeno o que está acontecendo na história, incentivando-a a descrever as imagens e a prever o que vai acontecer em seguida. Esse recurso estimula o pensamento dele, a memória e a habilidade de fazer conexões entre o que é visto e o que é dito.

Para crianças do espectro autista, esses interesses podem ser ainda mais úteis se explorados de maneira adequada. Geralmente, essas crianças gastam um hiperfoco em atividades que se interessam — por isso que, às vezes, são consideradas "superdotadas" nas áreas que escolhem. Nunca coloque em seu filho a pressão de ser um gênio! Se ele tiver algum interesse, incentive-o a persegui-lo porque isso fará bem a ele e o ajudará a se comunicar melhor, não porque você quer um filho troféu para exibir por aí!

Para crianças com TEA, a música e o canto podem ser usados como ferramentas terapêuticas para regular emoções e promover a comunicação. Crianças que têm interesse em música podem responder bem a atividades que combinam música com linguagem, como a criação de canções, e podem inclusive usar a música como meio para desenvolver habilidades de interação social, com a participação de corais, bandas ou grupos musicais.

A pintura, o desenho e a escultura, para crianças com TEA com interesse visual, podem ser utilizadas para melhorar a concentração e a organização das ideias no cérebro. Além disso, essas formas de arte têm uma capacidade extraordinária para ajudar a criança a expressar sentimentos. Pode ajudá-la a compreender as emoções mais difíceis e servir de janela para que você, pai ou mãe, interaja com ela em um nível mais profundo.

Com a leitura, a criança com autismo aprende novas maneiras de compreender os sentimentos. Ao ler histórias de personagens passando por situações diferentes do que as que ela passa, ela se coloca no lugar deles e aprende a sentir empatia, compreendendo o outro e se preocupando com o que o outro possa estar sentindo.

Até mesmo o gosto por matemática pode ser estimulado! Lembra quando expliquei que crianças com autismo apresentam comportamentos repetitivos e adoram movimentos e sons que se repetem? Pois bem! A matemática é nada mais do que a repetição de padrões em diversas formas e fórmulas. Mesmo com pouca idade, você pode estimular seu filho com jogos, brinquedos e atividades que envolvem contagem e padrões. Com o tempo, se ele demonstrar aptidão ou interesse nesse tipo de brincadeira, logo começará a resolver problemas de montagem e desmontagem de brinquedos, e, no futuro, poderá se interessar por números e pela matemática como interesse específico. Se a criança demonstrar prestar muita atenção em padrões repetitivos, ela provavelmente gostará desse interesse.

Com a fala, a criança faz novos amigos

A habilidade de falar está profundamente ligada às interações sociais, e isso pode ser aproveitado para estimular nosso pequenos a conhecer novas crianças e expandir seu círculo de amiguinhos e amiguinhas.

Para crianças com atrasos na fala, **as interações são oportunidades para aplicar e expandir as habilidades de fala** que foram treinadas no Capítulo 3. Nossa intenção aqui é que a criança **aprenda a valorizar o outro, aprenda que a comunicação com o outro pode trazer benefícios e alegrias para a vida dela**. Em geral, essas crianças não têm interesse ou não enxergam valor nesse tipo de interação. Elas preferem ficar sozinhas e se autoestimular. A partir do momento que ela aprende a falar, porém, essa possibilidade de interação pode ser um convite para que ela desenvolva a linguagem e relacionamentos pessoais em contextos diferentes.

Lembre-se: para nós, a criança tem que aprender brincando! Que melhor maneira dela aprender do que fazendo novos amiguinhos para se encontrar, brincar e se divertir? **O brincar é a forma mais natural de aprendizado para qualquer criança**, e quanto mais colocarmos o brincar no dia a dia dela, melhor.

Quando a criança conversa com outras crianças (ou mesmo com outros adultos), ela não está apenas praticando a fala que ela já aprendeu, **mas também aprendendo mais, expandindo seu repertório, conhecendo novas palavras, novas expressões, novos significados.** Também está aprendendo as sutilezas da comunicação – como tomar turnos na conversa, adaptar sua linguagem para diferentes situações, e interpretar o tom de voz e a linguagem corporal dos outros. Essas habilidades sociais são fundamentais para que ela desenvolva uma habilidade de se comunicar que seja funcional.

Como pai ou mãe, você tem o dever de ajudar seu filho a construir amizades. E como fazer isso? Afinal, você não pode obrigar outras crianças a serem amigas dele. Você pode, sempre, apoiar as iniciativas de amizade que ele tiver. Se ele quiser ir à casa de um amiguinho (se isso for seguro, claro), se quiser ir a um aniversário, se quiser ir brincar no parque, seja parceiro do seu filho! E não faça isso apenas porque você acha que está sendo um bom pai ou boa mãe, mas porque essa é **uma oportunidade de aprendizado importante para ele desenvolver habilidades de fala e interação social.**

Em resumo: não pare de estimular seu filho!

Nesse último capítulo, vimos que a fala é apenas o primeiro marco para um longo caminho de aprendizado que se coloca diante dos nossos pequenos. A partir desse ponto, ele continuará expandindo a capacidade de falar e se expressar, começará a perseguir novos sonhos, adquirir novos interesses, construirá relacionamentos sociais e, aos poucos, irá florescer e crescer! Ajude-o nesse florescimento. Se você ajudou seu filho a desenvolver a habilidade de se comunicar, pode continuar ajudando-o a crescer! Não desista nunca de amá-lo pelo que ele é, incentivando todos os dias que ele continue crescendo e se tornando alguém que tenha orgulho de si mesmo. Quando fazemos o bem, recebemos ele em dobro! Todo amor e dedicação que você proporcionou ao seu filho retornará em amor e dedicação dele para com você. No futuro, ele poderá sempre olhar para você com ternura e compaixão, agradecendo por tudo que você fez para ajudá-lo a se comunicar.

Conclusão

Você e a criança estão de mãos dadas, prontos para atravessarem a ponte da comunicação, que liga a criança às oportunidades de conhecer a si mesma, aos outros e ao mundo ao seu redor. Espero que este livro tenha mostrado a você cada tijolinho que compõe essa ponte e tenha te ajudado a enxergar e mostrar à criança o que há do outro lado. Agora, cabe a vocês a atravessarem juntos.

Esse caminho não é linear e muito menos fácil. Ele exigirá alguns passos para frente, outros para trás. Para cruzá-lo, você terá que se armar de conhecimento, confiança e muita paciência. Se você leu este livro até aqui, já conseguiu adquirir as informações necessárias para iniciar essa jornada. O que quero que você saiba é que você vai conseguir!

Nos momentos mais desafiadores, respire fundo e lembre-se de que milhares de pais e terapeutas estão atravessando essa ponte com você. Você não está sozinho durante as noites preocupadas, os momentos de choro, as dúvidas e aqueles instantes em que tem vontade de desistir. Só de ter buscado informação e estar disposto a começar, você já está vencendo esse desafio!

Não desista e não desanime. Lembre-se que cada criança é mágica justamente por sua singularidade. Todos nós somos únicos, e ela também. Por isso, é perfeitamente normal que o caminho traçado por ela não seja tão simples quanto seguir um passo de cada vez. Haverá dias bons e dias ruins. Momentos de progresso e instantes em que terá que voltar alguns passos e começar de novo. Não há nada de errado disso: esse é o processo. Confie nele. Confie em você mesmo. Confie na criança, também.

Quero encerrar o livro com uma história que me marcou muito. Vou chamar essa criança de Felipe. Ele foi um dos meus casos mais difíceis, ao mesmo tempo que foi um dos mais recompensadores.

Felipe era um menino com autismo que precisava de muito suporte. Ele demorou meses para conseguir o Passo 1, aquele que estimulamos a criança para emitir qualquer som. Os pais e a fonoaudióloga introduziram comunicação aumentativa alternativa logo no início, ele era um exemplo que realmente precisou dela no início. E eu achei que ele não ia conseguir desenvolver a fala completa, pois seu nível de suporte era avançado. Felipe gradualmente passou a conseguir mais atenção, seguir comandos, fazer a imitação motora, mas não falava absolutamente nada. Quando muito, emitia algum som curto e baixinho. Mas insistimos.

Depois de 6 meses no tratamento, algo pareceu surgir dentro dele e Felipe começou a evoluir item por item dos passos seguintes. Foi quase como se estivéssemos tentando encontrá-lo no escuro por muito tempo e, de repente, alcançamos sua mão. Lembro que pensei comigo: "ele atravessou uma ponte para se comunicar comigo, agora ele está comigo, agora ele vai andar comigo". Foi nesse mesmo dia que tive a ideia de começar o livro com a metáfora de que conseguir se comunicar é como atravessar uma ponte para conhecer o mundo. Felipe continuou evoluindo no tratamento e conseguiu chegar ao Passo 8.

E a história não acaba aqui. Felipe fez um amigo no meu consultório. Aqui vou chamá-lo de Júlio. Por irem sempre em horários pareados, eles sempre se encontravam no corredor, ou ficavam juntos na sala de brinquedos que fica antes da minha porta. As mães trocaram contato. Levaram os dois para brincar juntos. Descobriram que os dois eram da mesma escola. E, com o tempo, Júlio e Felipe se tornaram melhores amigos. A amizade floresceu e as mães me contaram que foi um dos fatores fundamentais para que os dois desenvolvessem a comunicação. Afinal, eles queriam aprender a falar porque, quanto mais aprendessem, mais poderiam conversar e brincar um com o outro.

Hoje, os dois ainda estão na escola, os dois ainda precisam de adaptações e suporte, mas ambos desenvolveram a fala. Felipe atualmente precisa de um nível moderado de suporte, mas acredito que, por seu desenvolvimento, conseguirá chegar na idade adulta com um nível leve de suporte. A fala foi o mecanismo que permitiu que Felipe evoluísse e avançasse no tratamento, inclusive superando outras limitações do autismo. É com essa história que eu gostaria de encerrar, mostrando que a comunicação pode permitir a criança ser feliz! Até mesmo arrumando um melhor amigo!

Por fim, quero parabenizar você pelo que vem por aí: pela quantidade de vezes que abrirá este livro para conferir os passos, pelas anotações que fará, pelas pesquisas que ainda vêm pela frente. Quero te dar os parabéns por insistir em compreender a criança, tentar enxergar o mundo por seus olhos e dedicar-se a ser seu guia para atravessar a ponte da comunicação.

Cada passo dado ao lado dessas crianças, cada pequeno progresso, cada sorriso conquistado, nos lembra de uma verdade fundamental: todo o esforço vale a pena.

Você está moldando um futuro em que a criança poderá expressar todo o seu potencial, em que sua voz será ouvida e compreendida, onde ela poderá florescer em sua singularidade. Um futuro em que a criança poderá te agradecer por tudo o que fez por ela.

O seu trabalho, muitas vezes silencioso e invisível aos olhos do mundo, faz toda a diferença. Lembre-se de que a jornada não é medida apenas pelos grandes marcos, mas também pelos pequenos momentos de conexão e entendimento. Cada vitória, por menor que pareça, é um testemunho da dedicação e do amor que você oferece diariamente.

Continue acreditando no poder transformador do cuidado, da paciência e do afeto. As sementes que você planta hoje, com tanto empenho e carinho, crescerão e florescerão em formas que talvez você nem consiga imaginar agora.

Estamos juntos!
Com carinho,
Mayra

Referências

Chung, K. M., Chung, E., & Lee, H. (2024). Behavioral interventions for autism spectrum disorder: a brief review and guidelines with a specific focus on applied behavior analysis. *Journal of the Korean Academy of Child and Adolescent Psychiatry*, 35(1), 29.

da Silva Barros, R. (2003). Uma introdução ao comportamento verbal. *Revista brasileira de terapia comportamental e cognitiva*, 5(1), 73-82.

de Souza, C. B. A., & Calandrini, L. (2022). Pareamento de estímulos e aquisição de comportamento verbal em crianças com TEA. Acta Comportamentalia: *Revista Latina de Análisis de Comportamiento*, 30(1), 159-177.

Gaiato M. H. B. *Cérebro Singular: Como estimular crianças no espectro autista ou com atrasos no desenvolvimento*. São Paulo: nVersos Editora, 2023.

Gaiato M. H. B. *S.O.S Autismo: Guia Completo para Entender o Transtorno do Espectro Autista*. São Paulo: nVersos Editora, 2018.

Gaiato M. H. B., Zotesso M. C., Silveira R. da R., & Ferreira L. (2022). Análise do comportamento aplicada ao autismo embasada em estratégias naturalísticas: revisão da literatura. *Revista Eletrônica Acervo Saúde*, 15(10), e10919. <https://doi.org/10.25248/reas.e10919.2022>. Acessado em 21/09/2024.

Gaiato, M. H. B., Zotesso, M. C., Ferreira, L. ., Silveira, R. da R., & Diodato, R. (2022). Transtorno do espectro autista: Diagnóstico e compreensão da temática pelos responsáveis. *Revista Contexto &Amp; Saúde*, 22(46), e13209. <https://doi.org/10.21527/2176-7114.2022.46.13209> Acessado em 21/09/2024.

Gaiato, M. H. B., Zotesso, M. C., Silveira, R. da R., & Ferreira, L. (2024). Análise comparativa do comportamento verbal nos três níveis de suporte do autismo. *Revista Psicologia, Diversidade E Saúde*, 13, e5328. <https://doi.org/10.17267/2317- 3394rpds.2024.e5328>. Acessado em 21/09/2024.

Gaiato, M. H. B.; Silveira, R. da R.; Zotesso, M. C. Reflexos comportamentais da Covid-19 em crianças com autismo: Revisão sistemática. DOXA: *Revista Brasileira de Psicologia e Educação*, Araraquara, v. 23, n. 00, p. e022012, 2022. DOI: 10.30715/doxa.v23i00.16711. Disponível em: <https://periodicos.fclar.unesp.br/doxa/article/view/16711>. Acessado em 21/09/2024.

Guerra, B. T., & Verdu, A. C. M. A. (2016). Ensino de operantes verbais em pessoas com Transtorno do Espectro Autista no The Analysis of Verbal Behavior: revisão sistemática. *Revista Brasileira de Terapia Comportamental e Cognitiva*, 18(2), 73-85.

Guerra, B. T., & Verdu, A. C. M. A. (2020). Ensino de comportamento verbal elementar por exemplares múltiplos em crianças com autismo. *Psicologia: ciência e profissão*, 40, e185295.

LaFrance, D. L., & Miguel, C. F. (2014). Teaching verbal behavior to children with autism spectrum disorders. *Handbook of early intervention for autism spectrum disorders: Research, policy, and practice*, 315-340.

Lin, J.; Gaiato, M. H. B. .; Zotesso, M. C. .; Silveira, R. da R. .; Ferreira, L. Transtorno do espectro autista e envelhecimento: uma revisão narrativa. *Revista Remecs - Revista Multidisciplinar de Estudos Científicos em Saúde*, [S. l.], v. 8, n. 14, p. 3–11, 2023. DOI: 10.24281/rremecs2023.8.14.3-11. Disponível em: https://revistaremecs.com.br/index.php/remecs/article/view/1050.

Martin, G., & Pear, J. (2009). *Modificação de Comportamento: o que é e como fazer*. São Paulo: Rocca.

Martone, M. C. C., & Santos-Carvalho, L. H. Z. (2012). Uma revisão dos artigos publicados no Journal of Applied Behavior Analysis (JABA) sobre comportamento verbal e autismo entre 2008 e 2012.

Perspectivas em análise do comportamento, 3(2), 73-86.

Meyer, S. B., Oshiro, C., Donadone, J. C., Mayer, R. C. F., & Starling, R. (2008). Subsídios da obra "Comportamento Verbal" de BF Skinner para a terapia analítico-comportamental. *Revista Brasileira de Terapia Comportamental e Cognitiva*, 10(1), 105-118.

Mioto, I. L. (2023). Análise do ensino do comportamento de ecoico em gêmeos concordantes para autismo: diferenças encontradas e suas implicações.

Moreira, M. B., & de Medeiros, C. A. (2018). *Princípios básicos de análise do comportamento*. Artmed.

Rogers, S. J., & Dawson, G. (2020). *Early Start Denver Model for young children with autism: Promoting language, learning, and engagement*. Guilford Publications.

Rogers, S. J., Hayden, D., Hepburn, S., Charlifue-Smith, R., Hall, T., & Hayes, A. (2006). Teaching young nonverbal children with autism useful speech: A pilot study of the Denver model and PROMPT interventions. *Journal of autism and developmental disorders*, 36(8), 1007-1024.

Skinner, B. F. (1957). *A Functional Analysis of Verbal Behavior*.

Skinner, B. F. (1957/1992). *Verbal Behavior*. Acton, Massachusetts: Copley.

Skinner, B. F. (1986). The evolution of verbal behavior. *Journal of the Experimental analysis of Behavior*, 45(1), 115.

Vargas, E. A. (2007). O Comportamento Verbal de BF Skinner: uma introdução. *Revista Brasileira de Terapia Comportamental e Cognitiva*, 9(2), 153-174.

Zamignani, D. R., & Meyer, S. B. (2007). Comportamento verbal no contexto clínico: contribuições metodológicas a partir da análise do comportamento. *Revista Brasileira de Terapia Comportamental e Cognitiva*, 9(2), 241-259.

Impressão e Acabamento | Gráfica Viena
Todo papel desta obra possui certificação FSC® **do fabricante.**
Produzido conforme melhores práticas de gestão ambiental (ISO 14001)
www.graficaviena.com.br